高校经济管理理论知识及教学实践研究

刘 晔 张占涛 著

中国商业出版社

图书在版编目（CIP）数据

高校经济管理理论知识及教学实践研究 / 刘晔，张占涛著 . -- 北京：中国商业出版社，2022.10
ISBN 978-7-5208-2271-8

Ⅰ . ①高… Ⅱ . ①刘… ②张… Ⅲ . ①经济管理 – 教学研究 – 高等学校 Ⅳ . ① F2-4

中国版本图书馆 CIP 数据核字 (2022) 第 196211 号

责任编辑：陈　皓
策划编辑：常　松

中国商业出版社出版发行
（www.zgsycb.com 100053 北京广安门内报国寺 1 号）
总编室：010-63180647 编辑室：010-83114579
发行部：010-83120835/8286
新华书店经销
定州启航印刷有限公司印刷

*

710 毫米 ×1000 毫米　16 开　12.75 印张　220 千字
2022 年 10 月第 1 版　2023 年 1 月第 1 次印刷
定价：78.00 元

* * * *

（如有印装质量问题可更换）

前 言

伴随经济的迅速发展，经济管理专业越来越受到各大高校的重视。经济管理理论知识对社会、经济的发展起着重要的作用，在这种情况下，企业对从事经济管理工作的人员的需求逐渐增大，对经济管理人员的专业素养也提出了更高的要求。

各高校应当积极探索符合经济管理专业特点的教学方法，必要时进行教学改革，打造和完善满足师生教学实践需求的教学环境及教学基础设施，从而为我国经济社会的高速发展提供更多优秀的经济管理人才。基于这一逻辑，本书以高校经济管理理论知识作为主要研究对象，探讨高校如何建立适应经济时代背景、符合企业人员需要、满足师生教学要求的实践教学课程。

本书共分为八章。第一章主要概述了经济学的基本概念、研究内容与研究方法，为进一步研究高校经济管理教学问题奠定了坚实的理论基础。第二章对现代企业战略管理进行了概述，并介绍了企业战略管理的三个基本阶段，即战略分析阶段、战略决策阶段、战略实施阶段，这三个阶段相互影响、相互作用，着眼于企业的未来，帮助企业在市场竞争中占据优势地位。第三章分别从传统市场营销观念、现代市场营销观念、网络化市场营销观念等方面对市场营销管理的意义及发展进行详细论述。第四章针对现代企业人力资源管理提出了管理方面的建议，强调了人才培养及优化企业管理体系在企业可持续发展过程中的重要地位。第五章体现了生产管理对企业管理的重要性，企业要想在激烈的市场经济竞争中获得长远发展，就需要制定出适合自身的、科学的、有效的、具有创新性的生产管理制度，推动企业向着健康高效、科学稳定的方向发展。第六章阐明了各个企业应当思考的一个重要问题——现代企业财务管理，分别从企业筹资管理、企业投资管理以及企业财务分析三个方面进行论述，体现了财务管理作为控制企业风险、管理企业经营发展的重要工具，为企业的发展提供源源不断的动力。第七章对高校经济管理专业师资建设的问题进行论述，阐述师资的结构对教学水平及教学结构的重要影响，进一步说明高校培养应用型经济管理人才离不开优秀师资队伍的建设。第八章强调了做好高校经济管理专业教学模式的改革与创新的重要性，时代在不断向前发展，教学创新正在成为高校教学的重要目标之一，实现创新型教育刻不容缓。本书由刘晔和张占涛共同撰写完成，其中刘晔负责12万字，张占涛负责10万字。

高校经济管理理论知识与实践教学方法紧密联系。本书希望可以在高校经济管理实践教学中寻求更有利于高校师生的学习方法，使其能够不断发展进步。

希望本书的研究能够有益于我国高校经济管理专业的理论知识，丰富高校师生进行经济管理的实践教学。

刘晔 张占涛

2022年4月

目 录

第一章　经济学概述

经济学是分析经济现象、研究经济活动规律的科学。经济学产生的基本前提是资源的稀缺性，经济学的基本问题是如何合理地配置和充分地利用资源。这些共同决定了经济学的研究对象。

第一节　经济学的基本概念

一、经济学相关概念

（一）经济

经济是人们生产、分配、交换、消费活动的总和，它们构成这个社会存在和发展的基础。所谓“总和”，是说生产、分配、交换、消费是人类社会一切生产活动中不可或缺的基本因素，它们是相互依存、相互影响、相互制约的辩证统一体。其中，生产是决定一切的，生产决定分配、交换、消费；反过来，分配、交换、消费又影响、制约、规定生产的性质、规模和趋势。它们相互统一、综合平衡，才有可能保持经济的正常运行。

“经济”一词出自古希腊思想家色诺芬（Xenophon）的《经济论》一书，意为“管理一个家庭的人”。在古汉语中，“经济”一词有“经邦”和“济民”、“经国”和“济世”之意，是“经世济民”等词的综合和简化，含有“治国平天下”的意思。“经济”两字最早见于《周易》，“经济”两字连用最早见于隋《文中于·礼乐篇》的“经济之道”。《宋史·王安石传》称王安石“以文章节行高一世，而尤以道德经济为己任”。明代冯梦琦编有《经济类编》一书。清代名著《红楼梦》第五回中有“从今后，万万解释，改悟前情，留意于孔孟之间，委身于经济之道”。从历代相关资料来看，经济涉及的内容不仅包括国家理财、管理等经济活动，还包括国家如何处理政治、法律、教育、军事等方面的问题。包括在“经世济民”一词内的“经济”二字，很早就从中国传到日本。西方经济学在 19 世纪传入中日两国。日本政治家神田孝平最先把 economics 译为“经济学”，中国的严复则译为“生计学”。辛亥革命后，孙中山先生将“经济”的译法肯定下来，“经济”一词一直沿用至今。现在人们通常所说的经济有广义和狭义之分，广义的“经济”是指人们生产、分配、交换和消费活动的总和；狭义的“经济”是指精打细算、节约。

（二）经济学

经济学是解决人类欲望无限性与资源相对稀缺性矛盾的学说。欲望或需要的满足，是人们从事生产活动的基本目的和动力。满足人类欲望的物品，除空气、阳光等少数物品是免费的以外，绝大多数是人类必须付出代价、耗费资源才能得到的。人们的欲望多种多样，而且是无限的。马克思和恩格斯曾经论及人们有维持自己生存、再生产出劳动力的各种需要；有发展自己能力的需要，如受教育的需要等；也有物质上和精神上享受的需要。按照美国社会心理学家亚伯拉罕·马斯洛（Abraham Maslow）关于欲望或需求的解释，人的欲望或需求可分为五个层次：生理需求，即最基本、最低层次的需要；安全需求，即希望未来生活有保障，如免受伤害、免遭失业等；社交需求，如爱别人及被人爱的需要，即归属感的需求；尊重的需求，即有满足自尊心及被别人尊重的需求；自我实现需求，即实现个人理想的需求。

这些需求层次存在着递进的关系，当人们处在食不果腹、衣不蔽体的贫困生活中时，只求温饱；过上温饱生活后，向往小康生活，进而渴望富裕的生活。从茹毛饮血的远古时代到电子化、信息化的今天，正是由于人们这种欲望的多层次性和难以满足性，导致了人们欲望的无限性。

另外，生产满足人们欲望的物品及资源又是稀缺的或不足的。所谓资源的“稀缺性”，不是指资源绝对数量的多少，而是相对于一个社会中无限多样又不断上升的需要，即欲望的无限性来说，有用的资源是稀缺的。在一定时期和一定科学技术条件下，可利用的资源总量总是有限的或稀缺的，只够相对满足人们的需要，即满足有消费能力者的需要。所以，稀缺性是指人类社会对各类物品的需求总是得不到满足的一种经济现象。生产需要各种资源（资本、人力、自然资源等），如果这些资源是无限的，能生产出来的物品也是无限的，那么就不需要经济学了。但谁都知道，人类社会的资源永远是有限的。这种资源的有限性被称为稀缺性，即相对于社会的无穷欲望而言，经济物品，或者说生产这些物品所需要的资源总是不足的。因此，人类欲望的无限性和满足欲望的资源的稀缺性即构成人类社会的基本经济矛盾。

在人类赖以生存的地球上，资源的有限性和人类欲望的无限性之间的矛盾始终困扰着人们，如何合理地配置和利用有限的资源，就成为人类社会的永恒主题。经济学正是为了解决这一问题而产生的。通过上面的介绍，可以对经济学下一个简单的定义：经济学是研究人类社会如何作出选择，确定具有稀缺性的经济资源在生产过程中的使用方式，并将生产出来的商品进行分配的一门社会科学。

二、经济学发展史

迄今为止，人类社会进行物质资料生产的经济活动，大约已有 200 万年的历史。在经济活动中对资源有效利用问题的探索，也经历了 2000 多年的时间，经济学最终成为一门独立的学科，则是近几百年的事情。

有关文献资料表明，经济学出现于奴隶社会产生以后，古希腊思想家色诺芬的《经济论》一书的问世，表明西方开始出现了早期经济学。《经济论》是一部研究奴隶主家庭经济管理问题的著作。色诺芬认为，经济学研究的是善良的主人如何管理好自己的财产。经济学虽然出现于奴隶社会，但在奴隶社会和封建社会并未形成一门独立的学科。

经济学作为一门独立的社会科学并取得政治经济学这一科学名称，是随着资本主义生产方式的产生与发展而形成的。17 世纪初，法国重商主义[①] 代表安·德·蒙克莱田（Antoine de Montchrétien）出版了《政治经济学》一书，其用意在于表明他所论述的经济问题已超出家庭或庄园经济的范围，涉及国家或社会的经济问题。

但重商主义经济学还不能算作真正的现代经济学，因为其研究范围仅局限于流通过程。真正的现代经济学是当理论研究从流通过程转向生产过程的

① 重商主义：也称“工商业本位”，主要内容是“重商”“重工”“国家干预”，发展目标是“国家富强”，产生并流行于 15 世纪至 17 世纪中叶的西欧。

时候才开始的，完成这一转变的是资产阶级古典经济学。

西方经济学的发展大致经历了三个阶段：古典经济学阶段、传统经济学阶段、现代经济学阶段。

（一）古典经济学

古典经济学产生于17世纪中叶，是由英国古典经济学家威廉·配第（William Petty）创立的。但它作为一门独立的学科，则是由另一位英国古典经济学家亚当·斯密（Adam Smith）创建的。1776年，亚当·斯密出版了《国民财富的性质与原因的研究》一书，标志着古典经济学的正式创立。在这部著作里，亚当·斯密提出被后人称为“看不见的手”的原理。亚当·斯密写到，每个人都在力图应用他的资本，来使其生产品能得到最大的价值。一般来地说，他并不企图增进公共福利，也不知道他所增进的公共福利为多少。他所追求的仅仅是他个人的安乐，仅仅是他个人的利益。在这样做时，有一只“看不见的手”引导他去促成一种目标，而这种目标绝不是他所追求的东西。由于追逐他自己的利益，他经常促进了社会利益，其效果要比他真正想促进社会利益时所产生的效果要大。

古典经济学批判和否定封建主义的生产方式，研究和提倡资本主义的生产方式。但是，随着资产阶级政治统治地位的确立，资产阶级与无产阶级的矛盾趋于激化，使古典经济发生了危机。

（二）传统经济学

18世纪末，古典经济学宣告解体，形成以法国的萨伊（Say）、英国的阿尔费雷德·马歇尔（Alfred Marshall）等为代表人物的传统经济学派。其标志是马歇尔在1890年出版的《经济学原理》一书。

传统经济学主张自由竞争和自由放任的经济原则，反对政府干预经济，认为资本主义市场经济能够通过自行调节实现经济资源的有效配置，保证经济增长。但是，20世纪30年代，资本主义国家发生的严重经济危机，使传统经济学的缺陷进一步暴露出来。

（三）现代经济学

现代经济学产生的标志是英国经济学家约翰·梅纳德·凯恩斯（John Maynard Keynes）于1936年出版的《就业、利息和货币通论》一书。在书中，凯恩斯表示，资本主义市场机制并不能通过自行调节实现资源的有效配置，资本主义经济也不总是实现充分就业，相反，资本主义经济常常没有实现充分就业。他主张，要实现充分就业，资本主义国家就必须对经济进行干预，有效刺激总需求。凯恩斯的国家干预政策帮助危机中的资本主义国家走出了困境，因此受到普遍重视。

但是，20 世纪 70 年代初，西方国家普遍发生了经济“滞胀”，即经济停滞与通货膨胀并存。面对这种局面，西方经济学的众多流派纷纷出现，主要包括新自由主义经济理论、货币学派、供给学派、理性预期学派、新制度学派等。新自由主义者强调市场机制的自动调节作用，反对国家对经济的过度干预；货币主义者强调货币政策的重要性；供给学派主张削减税率；理性预期学派则试图用信息的不全面来解释资本主义经济运行的波动。

对经济学产生和发展的历史的研究表明，对各种经济活动和经济关系的研究形成经济理论，研究人类社会活动和经济关系的各种经济理论形成经济学。经济学研究社会如何管理自己的稀缺资源，即研究资源的优化配置和充分利用。

第二节 经济学的研究内容与研究方法

一、经济学的研究内容

经济学的研究对象是资源配置和利用，前者主要是微观经济学的研究内容，后者主要是宏观经济学的研究内容。

（一）微观经济学相关内容

1. 基本概念

微观经济学是以单个经济单位为研究对象，通过研究单个经济单位的经济行为和相应经济变量的单项数值的决定，来说明价格机制如何解决社会资源配置的理论。

2. 基本特点

微观经济学研究单个居民户作为消费者如何把有限的收入分配于各种商

品的消费的问题，以实现满足程度（效用）最大化，以及单个厂商作为生产者或经营者如何把稀缺的资源用于各种商品的生产或经营的问题，以实现利润最大化。

微观经济学的中心理论是价格理论。在市场经济中，商品的生产者和消费者的行为要受价格的支配，生产什么与生产多少、如何生产以及为谁生产都是由价格决定的。价格像一只看不见的手，调节着整个社会的经济活动，促进社会实现资源配置最优化。因此，价格理论是微观经济学的中心理论，其他内容都是围绕这一中心问题展开的。正因为这样，微观经济学也被称为价格理论。

3. 基本内容

微观经济学的内容很多，主要包括以下六个方面。

（1）均衡价格理论。微观经济学的研究最终是为了解决资源配置问题。在市场经济中，这一问题是通过价格机制解决的，因此价格问题就是微观经济学的核心问题。西方经济学中所流行的价格理论就是用需求与供给来说明价格的形成机制，以及由此而形成的均衡价格理论，对这个理论的分析就构成微观经济学的起点和中心，其他内容都是围绕这一中心而展开的。

（2）消费者行为理论。消费是人类一切经济活动的源泉，又是一切经济活动的归宿。消费者对有用物品的消费欲望、消费偏好和消费选择表现为消费行为，正是这种行为构成了不同的社会消费趋势，从而决定着生产者生产什么、生产多少、为谁生产的问题。因此，消费者行为就成为经济学研究的一个重要方面。消费者行为理论研究消费者如何把有限的收入分配于各种物品的消费中，以实现效用最大化。该理论是对决定价格的因素之一——需求的进一步解释。

（3）生产者行为理论。研究生产者如何把有限的资源用于各种物品的生产而实现利润最大化。这一理论的内容包括研究生产要素与产量之间关系的生产理论、研究成本与收益的成本与收益理论，以及研究不同市场条件下厂商行为的厂商理论。生产者行为理论是对决定价格的另一个因素——供给的进一步解释及对如何生产的论述。

（4）分配理论。研究产品按什么原则分配给社会各个集团与个人，即工资、利息、地租和利润如何决定。这一理论是运用价格理论来说明为谁生产的问题。

（5）一般均衡理论与福利经济学。研究全社会的所有市场如何实现均衡发展、经济资源怎样实现最优配置、社会经济福利怎样实现最大化。由于一般均衡理论与福利经济学是以单个消费者、单个资源拥有者和单个厂商的行为为出发点来考察整个社会的经济运行的，并且在研究方法上主要使用个量分析法，所以通常把这部分内容归入微观经济学之中。

（6）微观经济政策。研究政府有关价格管理、消费与生产调节及实现收入分配平等化政策。这些政策属于国家对价格调节经济作用的干预，是以微观经济理论为基础的。

（二）宏观经济学相关内容

1. 基本概念

宏观经济学是研究宏观经济总量的一门经济学科。它以整个国民经济为研究对象，通过研究一个国家整体经济运作中各有关总量的决定及其变化，来说明资源如何才能得到充分利用。

2. 基本特点

宏观经济学通过对总体经济问题及经济总量的研究，来分析国民经济的总收入、总就业、物价水平、经济周期和经济增长等问题。它研究经济的运行方式与规律，从总体上分析经济问题。

宏观经济学是在假定资源已实现最优配置的前提下，研究现有资源未能得到充分利用的原因、达到充分利用的途径及如何增长等问题。

宏观经济学把国民收入作为最基本的总量，以国民收入的水平为中心来分析研究国家整体经济的运作情况及政府如何运用经济政策来影响国家整体经济的运作，实现资源总量的充分利用。国民收入决定理论是宏观经济学的中心理论，其他理论都围绕着这一理论展开，宏观经济政策就是这种理论的运用。

3. 基本内容

宏观经济学理论主要包括以下五个方面。

（1）国民收入决定理论。国民收入是衡量一国经济资源利用情况和整个国民经济状况的基本指标。国民收入决定理论就是要从总需求和总供给的角度出发，分析国民收入决定及其变动的规律。这是宏观经济学的核心理论。

（2）通货膨胀与失业理论。通货膨胀与失业是各国经济中最主要的问题。

宏观经济学把通货膨胀与失业和国民收入联系起来，分析其原因和相互关系，以便找出解决这两个问题的途径。

（3）经济周期与经济增长理论。经济周期指国民收入的短期波动，经济增长指国民收入的长期增长趋势。这一理论旨在分析国民收入短期波动与长期增长的原因，以实现经济长期稳定发展。

（4）国际经济理论。当今世界是一个开放的世界，一国经济的变动会迅速影响到其他国家，反之，也会受其他国家的影响。国际经济理论主要分析国际贸易、国际收支、汇率等基本问题以及开放条件下一国宏观经济的运行与调节。

（5）宏观经济政策。宏观经济学是为国家干预经济服务的，宏观经济理论要为这种干预提供理论依据，而宏观经济政策要为这种干预提供具体的措施。在宏观经济学中，政策问题占有重要的地位。影响一个国家宏观经济运行状况的一个重要因素就是政府所实施的一系列经济政策，其中最主要的是财政政策和货币政策。财政政策由政府的税收政策和支出政策组成，货币政策主要是指在中央银行的控制下如何决定和调整一个国家的货币供给的增长速度。财政政策和货币政策配置是否得当，直接影响一个国家宏观经济运行的状况，因此也是宏观经济学探讨的主要内容。

二、经济学的研究方法

任何一门科学都有自己的研究方法，经济学也不例外。经济学家在研究社会经济问题和形成经济理论时，使用了多种分析方法，其中主要有实证分析法、规范分析法、均衡分析法、非均衡分析法、静态分析法、比较静态分析法、动态分析法、定性分析法和定量分析法、边际分析法等。在理论表述方面，主要采取了建立经济模型的方法。下面对经济学的研究方法分别予以阐述。

（一）实证分析法

实证分析法重点考察经济状况如何、为什么是这样、有些什么特点和规律、经济问题如何得到解决等问题，至于这种经济现象好不好、该不该如此，实证分析法则不加以评价。运用实证分析方法研究经济问题的目的是最终建立能够用于解释经济现象的理论，并以此为依据预测人们经济活动的后果。

（二）规范分析法

规范分析法是根据一定的价值判断，对经济现象作出好与不好的评价，或该不该如此的判断，它指出经济现象应该是什么、经济问题应该如何解决等。

（三）均衡分析法

在经济学中，均衡是指经济体系中各种对立的、变动着的经济变量由于力量相当而使体系处于一种相对静止、不再变动的状态。在这种状态下，经济决策者意识到重新调整资源配置方式已不可能获得更多的利益，从而不再改变其经济行为。均衡分析法就是在假定经济体系中的经济变量既定的条件下，考察体系达到均衡时所出现的情况以及实现均衡所需要的条件。均衡分析法偏重数量分析，而对于影响经济变化的历史的、制度的、社会的因素基本不考虑，因为它们很难被量化。西方经济学中运用的分析方法主要是均衡分析法。均衡分析可分为局部均衡分析和一般均衡分析。局部均衡分析是仅就经济体系的某一部分加以考察和研究，以分析经济事物均衡的出现和均衡与不均衡的交替过程，而假定其他部分对所观察的部分没有影响。一般均衡分析则是就整个经济体系加以观察和分析，以探讨经济总体达到均衡的过程。

（四）非均衡分析法

非均衡分析认为经济现象及其变化的原因是多方面的、复杂的，不能单纯地用有关变量之间的均衡与不均衡加以解释，而主张以历史的、制度的、社会的因素作为分析经济现象的基本方法。即使是量的分析，非均衡分析也不是强调各种力量相等时的均衡状态，而是强调各种力量不相等时的非均衡状态。

（五）静态分析法

所谓静态分析法，就是分析经济现象的均衡状态及有关的经济变量达到均衡状态所必须具备的条件。这种分析方法完全忽略了时间因素和变量变化达到均衡状态的过程，注重经济变量对经济体系影响的最终结果。犹如观察一张不动的照片，静态分析法指仅就这个不动的画面进行分析。这是一种静止的、孤立的分析经济问题的方法。

（六）比较静态分析法

比较静态分析法就是对经济现象一次变动的前后以及两个或两个以上的均衡位置进行分析研究，并把新旧均衡状态加以比较，完全抛开对转变期间和变动过程本身的分析，也就是只对一个个变动过程的起点和落点进行对比分析。犹如观察几张不同时点的幻灯片，对其进行起点和落点的比较研究。

（七）动态分析法

动态分析法则是分析经济现象在时间推移中的变动过程的状态和关系，说明某一时点上经济变量的变动如何影响下一时点上该经济变量的变动，以及这种变动对整个均衡状态变动的影响。这种分析方法把经济现象的变化当作一个连续不断的过程看待，探讨经济事物从均衡到非均衡又达到均衡的交替发生过程。这个过程犹如观察一系列连续移动的照片，以此来分析各个照片的变动、衔接过程，像电影图像的出现过程一样。

在西方经济学中，无论是分析个别市场的供求均衡，还是分析个别厂商的价格和产量如何达到均衡，目前一般采用静态或比较静态的分析方法。至于动态分析法，则仅在个别场合被采用，如蛛网理论（一种引入时间因素考察价格和产量均衡状态变动过程的理论。）中就采用了这种分析方法。

（八）定性分析法和定量分析法

定性分析法是说明经济现象的性质及其内在的规定性与规律性的分析方法。定量分析法则是分析经济现象之间的量的关系。各种经济现象之间的量的关系可以更为精确地反映经济运行的内在规律。因此，微观经济学和宏观经济学中特别注重定量分析，这也是经济学中广泛运用数学的重要原因。经济学，数学主要运用在两个方面，一是运用数学公式、定理来表示或推导、论证经济理论，这就是一般所说的数理经济学；二是根据一定的经济理论编制数学模型，并将有关经济数值代入这种模型中进行计算，以验证理论或进行经济预测，这就是一般所说的经济计量学。定量分析使经济学更能运用于实际。数学是经济学的重要分析工具，这一点应该十分注意。

（九）边际分析法

边际分析法是现代经济学中又一常用的分析方法，它属于数量分析的一种。所谓边际分析法，是指当一个或几个自变量发生微小变动时，来观察因变量如何随之变动的方法，这种分析方法是从微积分学中引进的。自从数理经济学产生后，边际分析法被广泛地运用于经济分析中，特别是用这一方法来分析经济的变化趋势，分析各种经济变量的增加量之间的关系。在效用分析、收入分析、成本及其他理论分析中，都可使用边际分析法，由此也产生了一系列极为重要的边际概念和边际法则，如边际效用、边际收入、边际成本、边际利润、边际生产力、边际效用递减规律、边际收益递减规律。

（十）建立经济模型法

经济学家在研究社会经济问题时，除采用上述经济分析方法以外，在经济分析的基础上，为了阐述经济理论，主要采用建立经济模型的方法。经济理论是对客观经济现象和经济活动的高度概括，经济模型则是经济理论的简明表述。经济模型的表达形式有三种，即文字叙述、几何图形和数学表达式。这三种表达形式各有特点，文字叙述表达比较浅显、细腻，几何图形表达比较直观、简明，数学表达式表达比较严谨、精练。

第二章　现代企业战略管理

企业战略管理是一个变得日益重要并正在迅速发展的领域，它从整体上把握企业，在动态发展变化的环境中考察企业的发展与增长问题。企业战略管理由战略分析、战略选择、战略实施三个基本阶段组成，这三个阶段相互制约、相互影响、相互作用。

第一节　企业战略管理概述

从企业角度来看，企业战略就是着眼于企业的未来，根据企业外部环境的变化和内部的资源条件，为求得企业生存和长期发展而进行的总体性谋划。企业战略具有全局性、长远性、竞争性、稳定性等特征。

企业战略是以企业全局的发展规律为研究对象的，是根据企业总体发展的需要而制定的。它所规定的是企业的总体行动，追求的是对企业产生的总体效果，它是指导企业一切活动的总谋划。制定战略的目的是要在激烈的市场竞争中与竞争对手抗衡，在与竞争对手争夺市场和资源的竞争中占据优势地位。

一、企业战略管理定义

企业战略管理是一门关于如何制定、实施、评价企业战略以保证企业组织有效实现自身目标的科学与艺术，它主要研究企业作为整体的功能与责任、所面临的机会与风险，重点讨论企业经营中所涉及的跨越营销、技术、组织、财务等职能领域的综合性决策问题。所以，如果说管理就是解决如何让人做事并取得成果的问题，那么企业战略管理要解决的就是做什么事才能取得成果这一组织运行的根本性问题。

企业战略管理是一个正在迅速发展的研究领域，它试图超越企业日常运行的细枝末节，从整体上把握企业，在动态变化的环境中考察企业总体的发展问题，阐明为什么面对同样的环境时，有些企业繁荣发展，而有些企业却停滞破产的深层原因，以防出现“见木不见林”的管理偏见与短视。

战略的眼光不仅源自直觉，还源自系统的思考。借助于企业战略管理的思想，可以帮助企业不再处于简单地被动应付环境变化的境地，而是能有效地确定企业自身的长期发展方向，树立具体明确的业绩目标，开发能够适应企业内外部环境条件要求并有助于实现这些业绩目标的战略，完成企业的经营计划，确保企业能在激烈的竞争中立于不败之地。

二、企业战略管理思路

在一般情况下，企业的战略管理可以分为战略分析、战略决策、战略实施三个步骤。

战略管理的基本思路是：企业高层领导者要根据企业宗旨和目标，分析企业生产经营活动的外部环境，确定企业生产经营活动过程中存在的经营机会和威胁；评估自身的内部条件，认清企业经营的优势和劣势。在此基础上为企业选择一个适宜的战略。管理人员要尽可能多地列出可供选择的方案，所以设计战略方案是进行战略决策的重要环节，在此基础上依据一定的标准对各个方案进行评估，以决定哪一种方案最有助于实现企业的目标，并作出决策。战略实施就是要将战略转化为行动，根据战略计划的要求，进行企业资源的配置，调整企业结构和分配管理工作，并通过计划、预算和进程等形式实施既定的战略。在执行战略的过程中，企业管理人员还要对战略的实施成果和效益进行评价，同时将战略实施中的各种信息及时反馈到战略管理体系中，确保对企业整体经营活动的有效掌控，并根据情况的变化调整原有的战略，或者制定新的战略，开始一个新的战略管理过程。因此，战略管理是一种循环往复、不断发展的全过程总体性管理。

三、企业战略管理宗旨

企业宗旨是指企业为了区别于其他同类企业而对自身企业目的和企业意图所作的表述。企业宗旨包括企业目的、企业信念、企业经营原则、企业经营范围等方面的内容。企业宗旨是企业战略的一个重要组成部分，是衡量企业决策质量和企业成败的最高准则。

制定企业战略的首要工作就是明确企业的宗旨，确定企业宗旨要依靠对企业内外部环境的分析。同时，企业宗旨的明确又为企业内外都环境的分析划定了范围。

（一）企业管理宗旨的内涵

企业宗旨就是办企业的指导思想。所以，首先要回答这样两个问题：第一，企业应该从事什么样的业务活动？第二，应该成为什么样的企业？这两个问题为企业制定目标、选择战略方案提供了有效的指导。

企业宗旨应包括以下几个方面的内容：①用户——谁是企业的主要顾客；②产品或服务——企业的主要产品或服务是什么；③市场——企业主要在哪个地区或行业展开竞争；④技术——企业的主导技术是什么；⑤对企业生存、发展和赢利的关注——对企业近、中、远期经济目标的态度；⑥哲学——企业的基本信仰、价值观和愿望是什么；⑦自我认识——企业的竞争优势和弱势是什么；⑧对公众印象的关注——企业期望给公众留下一个什么样的形象；⑨利益协调的有效性——是否有效地反映了用户、股东、公司员工、社区、供应和销售厂商等相关团体的利益；⑩激励程度——企业宗旨能否有效地激励企业员工。

（二）确立企业管理宗旨的意义与作用

1. 指导意义

企业宗旨对确定企业经营领域和战略目标具有指导意义。企业宗旨是对企业在社会中生存和发展理由的陈述。企业要想在社会中生存和发展，就必须持续地、能动地将从社会上吸纳的资源转化为满足社会需要的产品或服务。所以，企业宗旨必须指导企业确定经营领域，辅助企业确定战略目标，明确所从事转化活动的性质和强度。

2. 激励作用

企业宗旨对企业及企业员工具有激励作用。企业宗旨指出了企业将为社会、为人类做出何种贡献，一方面，树立企业为社会、为公众服务的良好形象；另一方面，激发企业员工的使命感、光荣感和自豪感。

3. 促进作用

企业宗旨对企业文化的建设有促进作用。企业宗旨是企业文化最核心的部分，即共同的价值观。企业宗旨明确了什么是企业最重要、最有价值的观念，明确了本企业与其他同类企业最本质的区别。

四、企业管理战略目标

在制定企业战略时，只有明确的企业宗旨是不够的，必须使企业宗旨转化为战略目标。企业宗旨一般比较抽象，战略目标则比较具体，战略目标是企业宗旨的具体化，是制定企业战略的出发点。从战略管理的角度看，企业的战略目标是企业在其战略管理过程中所要达到的市场竞争地位和管理绩效的目标，它的时限通常在五年以上。企业战略目标为企业的发展指明了方向，减少了企业发展中的不确定性；为分配企业资源提供依据，减少企业内部冲突，节省协调费用，为企业效绩的评价提供标准，帮助管理者有效地从事企业战略管理活动。企业的战略目标一般包括以下内容。

（1）赢利。这项指标可以用利润、投资利润率、销售利润率、每股平均收益等指标来表述。

（2）销售。这项指标可以用市场占有率、销售量、销售额等指标来表述。

（3）生产效率。这项指标可以用投入产出率或单位产品成本来表述。

（4）产品。这项指标可以用产品线或产品的销售量和盈利能力、开发新产品的期限等指标来表述。

（5）财务状况。这项指标可以用资本构成、资产占用或现金流量等指标来表述。

第二节　企业战略环境分析

任何一个企业都不是独立存在的，总要与它周围的环境产生这样或那样的联系。企业作为一个开放系统，在企业内部以及在企业和它的外部环境要素之间发生着物质与信息的交换，通常企业的活动受到内部和外部环境的影响。因此，企业在正确地制定战略目标和达成这些目标之前，必须对企业的外部环境进行分析，以识别环境变化给企业成长带来的机会与威胁，同时也要对企业自身的内部环境和资源条件进行分析，以确定企业在整个行业竞争中的优势与劣势。

企业的环境可分为四个层次，即宏观环境、行业环境、竞争环境和内部环境。

一、宏观环境

宏观环境因素分析的意义是确认和评价各宏观环境要素对企业战略目标与战略选择的影响。对企业宏观环境的分析一般采用 PEST 分析法，即分析政治（political）因素、经济（economical）因素、社会（social）因素以及技术（technical）因素等对企业的影响。

（一）政治因素

政治因素显著地影响着企业的经营行为和利益。具体来说，政治因素包括国家的政治体制、政局与政策的稳定性、国际关系等方面的因素。很容易想象，在一个战火纷飞的国家，各种企业的经营活动都要受到限制，除非是靠战争发财的军火商。如果一个国家朝令夕改，那么该国企业将很难判断政策的变化方向及其对企业经营的影响，企业就不可能形成长远的发展战略。

此外，良好的国际关系也可以为企业，特别是那些以外贸进出口为主要业务的企业营造一个稳定的经营环境。

（二）经济因素

经济因素首先分析的是宏观经济的总体状况，主要用国内生产总值

（GDP）及其增长的速度来衡量，它反映一个国家的经济发展总水平、国民的富裕程度以及经济发展的大气候。如果一个国家国内生产总值水平低、增长速度缓慢，那么该国的企业经营环境就不好。据统计，1979—2013 年，我国 GDP 年平均增长率为 9.8%。2021 年，我国的 GDP 达到 114.4 万亿元人民币。良好的宏观经济环境为我国企业的经营发展奠定了良好的基础。

国家的经济政策也会给企业经营带来巨大的影响。当国家实行膨胀的或紧缩的货币政策时，企业经营的融资成本和经营成本会随之发生变化；国家的产业政策也会对处于某一行业企业的经营产生深远的影响；国家的税收政策及税率也会对企业的经营成本产生重要的影响。

此外，国家的利率与汇率水平、失业率、消费者人均可支配收入水平及通货膨胀率等因素，也会对企业的投资、产品的进出口以及人力成本等方面产生影响。

除以上的经济软环境以外，经济因素还包括一个国家或地区的经济活动所必需的各种基础设施，主要包括能源和原材料的供应状况、交通运输状况、通信状况以及互联网接入的可获得性等。这些硬性经济因素，决定着企业能否保证及时生产所需要的材料和产成品的及时运输，也决定了企业是否能够及时获得市场信息。

（三）社会因素

企业存在于一定的社会环境中，同时企业又是由社会成员组成的一个小的社会团体，所以不可避免地要受到社会环境的影响和制约。社会因素包括社会文化、社会习俗、宗教信仰、社会道德观念、社会公众的价值观念、职工的工作态度以及人口统计特征等。

社会文化是人们的价值观、思想、态度、社会行为等的综合体。人们的购买决策和消费行为都受到文化因素的影响。不同的国家有不同的文化传统，也有不同的亚文化群、社会习俗和道德观念。这些社会文化意识会影响人们的消费方式和消费偏好，同时也会影响企业的经营方式。因此，企业必须了解社会文化因素的变化对企业的影响。人口统计特征是社会环境中的另一重要因素，它包括人口数量、人口密度、年龄结构的分布及其增长、地区分布、民族构成、职业构成、家庭规模、人口的受教育程度等。

（四）技术因素

技术进步的深度和广度影响社会的许多方面，它对社会的影响主要来源于新产品、新工艺和新材料。技术方面的环境因素包括所有参与创造新知识以及将新知识转化成新产品、新材料的行为。技术水平及其产业化程度的高低是衡量一个国家和地区综合力量与发展水平的重要指标。互联网技术所带来的变化丝毫不逊于工业革命所带来的变化，它使跨国公司的不同子公司、企业不同部门之间的信息交流更为方便和快捷，还可以对市场需求变化作出更快的反应，同时也可以使企业的组织结构扁平化和网络化。互联网技术还可以帮助企业实现企业之间以及企业和用户之间的交易。

此外，由于技术的巨大进步，理论成果转化为可应用产品的时间已大大缩短，企业研究和开发费用急剧增加。

二、行业环境

与宏观环境相比，行业环境对竞争优势和超额利润的影响更加直接。一个行业的竞争程度和行业利润潜力可以由以下三个方面的竞争力量反映并决定。

（一）行业新人的威胁

行业的新进入者通常会给行业内的原有企业带来很大的威胁。原因之一是，它们增加了行业总产出，从而导致整个行业的收入和回报降低；原因之二是，新进入者通常拥有相当多的资源，很想占领更大的市场份额。因此，新的竞争对手可能迫使行业内的原有企业提高效率，学习如何在新的领域展开竞争。

企业进入一个行业的可能性是由两个因素决定的：进入障碍以及对来自行业内企业采取报复行动的预期。如果企业发觉要进入一个新的行业很困难，或觉得进入一个新的行业，自身将处于竞争劣势，这个行业对企业来说就存在进入障碍。如果进入障碍高，原有企业反击激烈，潜在的进入者就难以进入该行业，进入者产生的威胁就小。造成进入障碍的主要因素有以下五个方面。

1. 生产规模

规模经济是指当企业逐渐扩大规模时，企业的边际效益也增加的一种现象。规模经济意味着当企业在一定时期内生产的产品数量增加时，单位产品的制造成本会降低。新进入者面对行业内原有企业的规模经济将处于两难的境地。如果进入的规模很小，它们就会处于不利的成本地位；如果进入的规模较大，它们又会面临着强烈的竞争报复风险。

2. 产品优势

对于那些存在产品差异化的行业来说，现有的企业可能因为第一个进入该行业或由于过去的广告效果和良好的服务而赢得信誉与用户对品牌的忠诚，从而具有新进入者无法拥有的优势。在进入高度差异化的市场时，新进入者必须投入巨额广告和促销费以降低用户对原有产品的忠诚度，这些都将导致经营成本的上升，从而增加新进入者进入的风险。

3. 支撑资金

在新的行业，竞争意味着大量的投资。除购买生产设备外，库存、市场营销活动以及其他重要的职能也需要很多成本。即使新的行业很有吸引力，企业也可能无法获得足够的资本来支撑各种活动。

4. 转换成本

转换成本是指由于用户转向新供应商购买所引起的一次性成本，如购买新的辅助设备的费用就属于转换成本。如果转换成本很高，那么新进入者必须在成本或服务上作出重大的改进，以吸引用户。

5. 分销渠道

分销渠道指产品或服务从制造商流向消费者所经过的各个中间连接起来的整个通道。进入分销渠道对新进入者可能会是一个很大的障碍，尤其是进入非耐用消费品行业时，新进入者必须说服经销商经销它们的产品。价格分成和广告分摊的做法可能会帮助它们达到目的，但是新进入者的利润也会因此减少。

（二）替代品的出现

替代品是指那些与本行业的产品有同样功能的其他产品。如果替代品的价格比较低，投入市场后就会使本行业产品的价格上限处于较低的水平，这就限制了本行业的利润水平。替代品的价格越具有吸引力，这种限制作用就越大，对本行业构成的竞价压力也就越大。正因为如此，本行业与生产替代品的其他行业进行的竞争，常常需要本行业所有企业采取共同措施和集体行动。一般来说，如果用户面临的转换成本很低，或当替代品的价格更低、质量更好或性能相似甚至超过竞争产品时，替代品产生的威胁就会很强。在用户认为具有价值的地方进行差异化（价格、质量、售后服务、地点等）设计，可以降低替代品的竞争力。

（三）行业内的竞争

由于行业内的企业相互制约，一个企业的行为必然会引发竞争。因此，在许多行业，企业为了追求战略竞争力和超额利润，都积极参与竞争。企业一般采取的竞争手段有价格战、广告战、产品开发和创新等。在这些情况下，现有企业之间的竞争会变得很激烈。

当行业中的企业为数众多时，各企业将采取更有力的行为，以占有更大的市场份额，这势必在现有竞争者之间形成激烈的竞争。即便在企业为数不多的情况下，如果各企业的实力相当，由于它们都有支持自身竞争和进行强烈反击的资源，也会使现有企业间的竞争激化。

在成长的市场中，企业很少会去从竞争对手手中争夺用户。但是，在不增长或增长缓慢的市场中，企业会加入战斗，试图吸引竞争对手的用户来扩大自己的市场份额，这样竞争将会非常激烈。

当行业固定成本较高时，企业为了降低单位产品的固定成本，势必采用增加产量的措施，结果又往往导致价格迅速下跌。与固定成本高有关的一种情况是产品的库存问题。若行业生产的产品储存起来非常困难或费用极高，企业就容易为尽快把产品销售出去而承担降价的损害。

当产品缺乏差异时，用户的选择是价格和服务，这就会使生产者在价格和服务上展开竞争，使现有企业之间的竞争激化。同样，转换成本低时，用户有很大的选择自由，也会使现有企业之间的竞争激化。

企业如果把市场当作解决生产能力过剩的出路，它就会采取倾销过剩产品的办法。多种经营的企业，若把某行业经营的产品视为厚利产品，它就会采取扩大或巩固销售量的策略，尽力促使该行业稳定。小型企业为了保持经营的独立性，可能情愿取得低于正常水平的收益来扩大自己的销路，所有这些都会引起竞争的激化。

三、竞争环境

竞争对手是企业经营行为最直接的影响者和被影响者，这种直接的互动关系决定了竞争对手分析在外部环境分析中的重要性。分析竞争对手的目的在于了解每个竞争对手可能采取的战略行动以及其他公司的反应。

（一）竞争对手的发展目标

对竞争对手目标的了解包括对公司级的、经营单位级的甚至职能部门以及个别经理目标的了解。对竞争对手目标的了解可以推测竞争对手对其目前的位置是否满意，由此，可以推测出这个竞争对手将如何改变战略以及对于外部事件（如经济周期的波动）或其他公司战略行动将会做出何种反应。对竞争对手目标的了解也有助于预测它对战略变化的反应。此外，对竞争对手目标的了解还有助于解释竞争对手所采取的行动的严重性。

（二）竞争对手的经营战略

企业有必要了解竞争对手正在做什么、正在哪些领域开展业务、如何开展竞争。企业还可以通过了解竞争对手的各职能部门制定了哪些经营方针来了解竞争对手的职能战略。

（三）竞争对手的经营实力

企业有必要了解竞争对手的优势与劣势是什么，竞争对手有哪些资源、形成何种核心能力，与竞争对手相比，企业自身的实力如何。

四、内部环境

在 21 世纪的竞争格局中，传统的条件和因素，包括劳动力成本、获取财务资源和原材料的能力，仍然能够为企业创造一种竞争优势。然而，这些因素所能带来的竞争优势正在逐渐减少。在新的竞争格局中，资源、能力和核心竞争力组成了决定企业的内部环境的因素，它们可能会比外部环境中的条件对企业的业绩产生更重要的影响。只有核心能力（通过企业的内部环境研究可以找到）与机会（由企业的外部环境所决定）相契合时，企业才能获得战略竞争能力和超额回报。

（一）资源要素

资源是指被投入企业生产过程的生产要素，如资本、设备、员工的技能、专利、财务状况以及经理人的才能，这些都可以被看成资源。企业资源可以是有形的，也可以是无形的。有形资源是指那些可见的、能量化的资产，包括企业的财务资源、组织资源、实物资源和技术资源四个方面。财务资源是指企业的借款能力以及企业产生内部资金的能力；组织资源是指企业的报告系统以及它正式的计划、控制和协调系统；实物资源包括厂房、设备以及企业获取原材料的能力；技术资源则指企业所拥有技术的含量，如专利、商标、版权等。无形资源是指那些根植于企业的历史、长期以来积累下来的资产。因为它们是以一种独特的方式存在的，所以非常不容易被竞争对手了解和模仿。知识，员工之间的信任，员工的思想、创新能力、管理能力和企业的品牌、声誉等，这些都是无形资源。由于无形资源很难被竞争对手了解、购买、模仿或替代，企业更愿意把无形资源作为自身能力与核心竞争力的基础。无形资源还有一个特点，就是它们的价值可以被更深地挖掘。

（二）竞争力

能力来源于资源的有效整合，同时也是企业核心竞争力的来源。通过有形资源和无形资源的不断融合，企业所拥有的能力使企业能够利用洞察力和智慧创造并利用外部的机会，形成持久性的优势。能力通常是在某种职能领域（如生产、研发、市场营销）或某一职能领域的部分领域中得到发展的。企业在某个职能领域建立起来的竞争能力与企业的经营状况相关。因此，企业必须致力于在多元化企业中建立一种职能性的核心竞争能力。

价值链是企业用于分析企业能力的有效工具。价值链反映了企业的资源增值过程。在不同的行业中，企业的价值链也有明显的不同。一些行业在产品设计阶段的增值比较明显，如计算机软件行业；而另外一些行业可能在营销和分销阶段的增值较明显，如软饮料行业。企业必须根据行业特点和自身的条件来完成资源增值的过程。

核心竞争力是指那些能为企业带来相对竞争对手的竞争优势的资源和能力。并不是所有的企业资源和能力都是有竞争价值并能给企业带来竞争优势的，有些资源和能力可能会削弱企业的竞争能力，因为它们可能会反映在企业比竞争对手弱的领域。如果企业没有足够的财务资产，就有可能无法购买那些用于生产能带来用户价值的产品的设备，也无法雇用相关的人员。在这种情况下，财务资产就变成此企业的一个弱项。

每一种核心竞争力都是能力，但并非每一种能力都是核心竞争力。在实际操作中，一种能力要想成为核心竞争力，必须要从用户的角度出发，是有价值的并不可替代的；从竞争者的角度出发，是独特的并不可模仿的。也就是说，要判别一种能力是不是核心竞争力，只需要看其是否满足四个标准，即它是否为有价值的、稀有的、难以模仿的及不可替代的。

第三节　企业战略选择与评价

一、企业战略选择分析

企业为了应对环境的变化，保持和继续提升自己的竞争能力，需要对经营战略进行相应的调整，选择对企业经营发展有利的新战略。新的战略形成，组织结构就要随着新的战略调整，以匹配当前的战略。在组织结构调整的过程中也会涉及激励制度、薪酬制度、培训制度、技术创新管理、绩效管理系统、部门协作等很多方面的调整。另外，企业战略的调整可能会和企业的组织结构产生冲突，使原本作为组织发展支撑的组织结构掣肘战略实施，战略的调整必须关注组织结构现在或未来即将进行的改变，组织结构的改变也必须和战略相适应，这一相互影响过程使战略选择对组织结构的影响尤为复杂。

（一）企业战略选择的原则与目的

企业基于战略的组织结构选择的原则与目的非常清晰，即坚持战略先导性、组织滞后性的原则，达到所选择的组织结构与企业战略相匹配的目的。

企业战略是企业为了更好地经营和持续发展而在具有激烈竞争和挑战的外部环境中进行的规划，企业战略具有长远性、全局性、系统性，同时还需要兼顾企业的外部环境和自身所具备的内部环境。组织结构关键在于体现出对战略的适应性、支持性，同时又在于体现出对战略需要的匹配。

企业为了实现基于战略的组织结构选择的目的，会努力使企业战略与组织结构达到平衡。首先，应明确企业的发展战略，确定企业的战略类型，根据企业的战略类型，分析适合企业的组织结构。不同的战略，会导致调配各种资源的各部门职能发生变化，有些需要加强，有些需要削弱。其次，为保证企业总体战略的实施，组织结构应对战略有一定的支持性，应当采用合理的管理幅度，确保汇报关系和权责清晰、明确，确保能使企业运营流程顺利运转，满足内部效率和成本的要求。

（二）企业战略化组织结构选择

1. 专业化战略组织结构

企业在创立初期，通常注重发展核心业务，即选择专业化战略。在专业化战略下，由于业务比较简单，企业需要的与之相匹配的组织结构也相对比较简单。企业可以根据业务需求，选择直线制组织结构、职能制组织结构或直线职能制组织结构。

直线制组织结构比较简单，管理所花费的资金较少，比较容易达到规模经济，自上而下地指挥，比较灵活，责权分化明确，可以最大规模地实现企业管理专业化，决策迅速，适合业务比较简单、发展核心业务的企业。职能制组织结构专业管理工作做得比较细致，每个管理者都只负责一方面的工作，可以对下级进行具体指导，提高工作效率。职能制组织结构也能通过各项职能的规模经济，降低管理费用，适合专业化战略的企业。直线职能制组织结构是以直线制组织结构为基础，在各层管理者之下设置职能部门的组织结构。这种组织结构综合了直线制和职能制的优点，不仅使指挥集中统一，还发挥了各种专家业务管理的作用。这三种组织结构都属于结构简单、专业化程度高、管理费用低的组织结构，适用于业务比较简单的采用专业化战略的企业。

2. 一体化战略组织结构

随着企业的进一步发展，企业的业务范围逐渐扩大，企业的实力逐渐增强，此时企业会延伸自己的业务到上游和下游，取得原材料的生产能力或者掌握分销渠道，或者组织在空间范围上扩张，在多个地点经营，但是都处于产业价值链上的同一点。在一体化战略下，企业中管理权主要控制在上层，此时应选择职能制组织结构，或者选择混合型组织结构，即直线职能制与事业部制组织结构相结合。

因为职能制组织结构采用专业分工的管理者，在组织内部设立职能部门，各职能机构在自己的业务范围内，可以提高工作效率，并且管理费用较低。采用一体化战略的企业虽然会出现向上游、下游延伸或者在空间上扩张的状况，但业务活动仍然比较集中、比较单一。当企业发展到一定规模，或者企业面临的环境和竞争稍复杂时，可以选择混合型组织结构，就是将直线职能制组织结构和事业部制组织结构相结合。混合型组织结构同时强调产品和职能、产品和区域，这在一体化战略下非常适用，能够很好地调动各部门的积极性，以利润为核心，开展相关工作。

3. 多元化战略组织结构

企业达到一定规模后，为了进一步增强自身实力，一般会选择采取多元化战略，以实现产品多样化，跨越多行业发展业务，此时应采取分权制。在多元化战略下，应选择事业部制组织结构或矩阵制组织结构。

事业部制组织结构稳定性高，适应性强。每个事业部在生产经营上都有自主权。某一产品或服务的责任全部明确由分部经理承担，便于建立衡量事业部工作效率的标准，有利于培养和训练高级管理人才。多元化战略下，产品的多样化，或者多行业发展业务需要多个部门协同合作，事业部制组织结构完全适用于多元化战略，每一种产品或者每个区域都可以作为一个事业部。矩阵制组织结构同时具备事业部制与职能制组织结构的优点，注重横向的沟通，人力资源充分共享，更具专业化，与多元化战略更加匹配。

（三）企业稳定型战略选择

稳定型战略下的企业一般处在外部环境、供求关系稳定的环境里，此时的弊端是发展机会较少，有利之处是竞争挑战也较少。但也不乏一些企业在市场有较大的需求或者环境给予更多发展机会的时候采用稳定型战略。在稳定型战略下，应选择事业部制组织结构或矩阵制组织结构。

事业部制组织结构适用于环境比较稳定的战略下，这样事业部制组织结构是可以发挥其特长的。矩阵制组织结构同时具备事业部制与职能制组织结构的优点，便于沟通、协调和集中管理，反应迅速，灵活应变的能力较强，成员参与决策程度较高，可以激活处在稳定型战略下的组织结构，调动各组织的积极性，维持企业组织结构的活力。

（四）企业紧缩型战略选择

当企业处在一种十分险恶的经营环境中，或者由于决策失误等原因造成经营状况不佳，无法采取前两种战略时，企业必须减少经营领域，缩小经营范围，缩小企业的产销规模，取消不盈利的业务活动，紧缩财务开支，放弃某些产品系列，甚至完全退出目前的经营领域，此时企业一般会采取紧缩型战略。在紧缩型战略下，应该选择结构稍微简单的组织结构，如职能制组织结构或直线职能制组织结构。

因为紧缩型战略是一种以退为进的战略，是企业为了能够转向其他的战略而短暂采取的战略。此时职能制组织结构和直线职能制组织结构可以充分发挥其作用，每个职能部门的管理者负责一部分工作，减轻高层领导的负担。采用这两种组织结构还可以降低企业的管理费用，节省开支，在企业处在恶劣的经营环境下，减少企业内耗。

二、构建指标评价体系的原则

构建指标评价体系是对企业战略导向的组织结构选择评价的前提和基础，评价指标的选择与确定，是整个过程最重要的前提条件和奠基部分。科学、合理、完整的评价指标，是企业战略评价工作的重要环节。评价指标体系的选择与确定的主要目的是将定性分析向定量分析转变。所选取的指标之间具有很强的逻辑关系，指标的定义、内涵要明确，指标的设计和选取建立在科学的基础上，围绕评价目的，将定性分析和定量分析结合起来，使评价体系更加全面。

指标体系设计是评价的基础性工作，应该具有一定的系统性、科学性、客观性、合理性，评价指标体系的建立应符合以下三个基本原则。

（一）全面性原则

所谓全面性原则，指所选指标能全面反映所要评价的内容，全面且精简。在建立评价指标体系时，涉及企业的组织设置与战略的匹配程度，部门工作职责和工作内容，组织结构层级设置和管理幅度，组织内部信息沟通，组织管理层次等因素，要全面并突出重点，具有高度的概括性和系统性。在选取指标时，要明确评价的目的，指标选取要有侧重。

（二）应用性原则

指标体系应能够反映组织绩效信息，具有可应用性、可操作性，能比较准确地表达评价的结果。所以企业在建立评价指标体系时，尽可能使用定量指标，使评价结果量化。

（三）综合性原则

能反映企业组织结构合理有效的指标多为定性的，用数字作为衡量标准稍有难度。所以，企业在建立评价指标体系时，应综合考虑，将定性指标与定量指标结合起来，使部分指标量化，更有助于从总体上对企业组织结构的合理性与有效性进行评价。

三、企业战略选择的保障措施

（一）完善企业战略选择过程

基于企业战略的组织结构选择不会在短时间内顺利完成，这就需要一定的时间。对于一个企业来说，企业总体战略的选择是一项十分复杂的工程，需要管理者进行分析和决策。因此，企业的管理者需要采取如下步骤确定企业战略类型：首先，确定企业的使命；其次，对战略环境进行分析；再次，充分考虑影响企业战略类型的因素；最后，确定企业当前应采取何种战略。

所谓企业使命，就是企业在社会中所承担的责任和扮演的角色。企业使命可以从两个方面来理解，一个是企业哲学，另一个是企业宗旨。一个企业为了经营而建立的价值观和行为准则，以及它在社会中的价值和起到的作用是这个企业的哲学。这个企业目前和未来所要从事的事业或者说想要成为什么样的企业，这是企业的宗旨。对于企业管理者来说，确定企业的使命是在确定企业战略之前的重要工作，企业使命是战略方案制定和选择的依据，是分配企业资源的基础。

战略环境分析是指对企业外部环境、企业内部环境进行的分析。企业外部的宏观环境和微观环境构成了企业外部环境。宏观环境，即政治法律环境、经济环境、社会环境、技术环境。微观环境，即企业所处行业的状况。分析企业的宏观环境，目的是掌握企业所处的战略环境，对企业面临的机会、威胁和挑战进行了解，以便为制定战略做好基础工作。分析企业微观环境的目的是掌握企业在行业中所处的位置，明确其自身的资源和能力，清晰了解企业的优势和劣势。同时，进行企业内部环境分析是为了掌握企业的优势和弱点，在充分发挥优势的同时，避免其短板带来的损失，充分利用自身的资源，增强企业的核心竞争力。

在战略决策过程中，企业管理者确定企业战略类型时较为重要的几个因素如下。

1. 企业原本采用的战略

对任何企业来说，过去的战略都影响着未来的战略。企业首先要回顾以前所采用的战略，因为以前的战略在当前组织中会留有一定的影响，对以后的战略选择是一个主要参考。

2. 竞争者的影响

企业在确定企业战略时，必须考虑同行业竞争者的反应或行动。当企业选择不同的战略时，其竞争者会做出相应的反击，所以作为高层管理者，确定企业战略时，一定不能忽视这一因素。

3. 企业文化

企业文化对企业员工具有导向、约束、凝聚等作用，当企业文化和企业战略协调一致时，能形成巨大的企业优势。企业文化与战略选择是一个动态平衡、相互作用的过程。企业未来战略的选择只有充分考虑到目前的企业文化和预期的企业文化相互包容和相互促进的情况，才能被成功地实施。

（二）做好相关知识培训

将新的管理制度及管理职能等相关文件进行印发，具体应包括企业组织结构变革方案、新的组织结构示意图、组织结构及人员调整方案、各部门职责范围、领导班子成员任命及负责工作范围、薪酬考核方案等。

针对新的规章制度、岗位职责及相应的工作说明书，对员工进行专业知识的培训。培训内容包括企业文化、岗位职责、工作内容等。培训由企业根据各部门的日常工作分批次进行，在各部门内部做好工作衔接和沟通渠道建设，调动员工的积极性、主动性和创造性。同时，人力资源管理部门需要根据新的组织结构做好人才招聘计划。

第四节　企业战略实施与控制

当今时代是经济全球化进一步深化发展的时代，企业实施经营战略时，应当充分结合国内与国际两个市场需求制定科学的发展规划。优化企业资源配置，拓展企业发展空间，是企业发展成为具有国际竞争力的大型企业或集团的必由之路。我国对企业发展战略的研究比较简单，随着市场经济的深入发展和竞争的日益激烈，此事越来越关乎企业的发展和前途，故对其加以探索和研究的意义非比寻常，且对企业战略发展具有很好的价值。

一、企业战略实施与控制研究现状

哥哈根商学院教授尼古莱 · J. 福斯（Nicolai J. Fos）提出了“企业经营与企业战略中的价值观和能力观”。由此可知，在企业战略发展的研究过程中，充分考虑战略影响因素对企业战略具有重要的指导价值与理论意义。在企业的战略发展研究中，企业外部的市场环境往往为企业提供战略实施的机会与发展的要求，而企业自身的实际情况是建立企业战略发展竞争优势的基础与依据。战略管理学家安索夫（Ansoff）曾经指出，企业要对环境中不确定“事故”的检测、分析和应对能力尤为重视，其中一个很重要的部分就是要对企业所处的未来环境变化趋势和当前环境有所认识，特别是要适应环境。

我国企业界对这个问题也一直争论不休，截至目前，仍然还有一些不能阐明的疑虑。通过对企业战略实施与控制的影响因素的研究探索，指出战略实施、控制和管理等领域存在的不足与缺陷，并科学合理地给出有效可行的对策与方法，并且在对战略实施、管理和控制进行分类比较研究的基础上，分析战略实施、管理与控制目前存在的核心问题——缺乏风险机理分析和有效的事前控制，并提出将预警管理理论引入战略实施风险管理的研究思路。企业发展战略理论为企业的发展以及企业战略的制定与规划提供了良好的理论保障和可行性分析，保证了企业战略的科学性与对市场的适应性。

二、企业战略实施与控制的弊端

（一）组织结构不科学

企业战略组织结构是对企业进行战略制定的重要组成部分，它决定了战略的执行方向，会影响企业总体发展规划结构。例如，现阶段财务方面的规则与制度和企业战略计划存在局部冲突和矛盾，导致企业行动在财务方面难以保障，且跟不上战略实施与控制的需求与信息反馈的“时效性”。只有把两者协调统一起来，并结合自身实际情况与企业内部组织结构现状，进行科学综合的“合规”分析，保障企业战略实施与控制的科学性与实时性，才能保证企业战略的顺利实施和控制。

（二）执行能力不强

在企业战略实施与控制过程中，企业要细分战略实施与控制层次，并在相应阶段和层次制定相关战略目标，确保企业执行力与企业战略相匹配，“由点到线，再由线到面”地执行企业战略实施规划。如果在执行与层次战略的制定中，考虑因素不全面、不科学，容易导致整体战略实施出现“瓶颈”和“阻塞”，所以在执行战略过程中需考虑企业战略与执行力的适应性，以保障总体战略顺利实施与进行。假如战略实施到某节点，由于执行力不强，可能会导致阶段层次的战略延缓而不得不放弃一些有效影响企业整体战略的计划，最终导致整体企业战略的延期或停滞，所以在执行战略计划过程中应当合理规划，与执行力匹配，保障企业战略的正常有效实施。

（三）预警体系不完善

企业缺乏战略实施与控制的预警体系，易导致企业长短期利益不平衡，所以企业对内外部环境的把控是影响战略控制的主要因素。建立企业战略实施与控制预警体系是对企业战略的保障与“护航”，也是对企业战略全方位的科学把控与企业发展风控建设的重要环节。建立良好的企业战略实施与控制预警体系是企业战略发展的必备条件，也是企业战略发展与形成核心竞争力的保障。这样，不但可以对企业风险进行提前把控与预警，还可以对企业利益进行权衡控制与运筹，保证企业能够在激烈的市场竞争中实现科学、稳健、可持续发展。

（四）评价标准不健全

企业战略控制主要是检测实际情况与预定目标状况，以及评价企业所取得的业绩、绩效，发现差距，分析产生原因的过程。如果在战略控制过程中缺少企业战略评价标准，企业没有明确、完整地给出战略评价标准，那么就会导致企业战略实施的散漫性与战略控制的盲目性。战略分析、战略决策与战略实施是企业战略管理的三大步，战略实施是此三步的“脚足”，战略控制是“路轨”。但由于企业风险控制机制的不健全，企业战略控制存在“失真”情况。

制定一项评审标准时，企业不但要结合外部各项因素和自身实际情况，而且需要结合相关专家理论，同时考量市场的变化以及变化趋势。但对外部环境的把控和对自身实际情况的分析相对比较困难，专家理论对企业自身实际情况的适应性与科学性的判定也比较模糊。预期标准的合理性是企业战略实现评判的标志与“量身线”，也是对战略实施与控制的又一道“保障线”与“警戒线”，其可以保证企业战略的顺利实施与科学控制。

三、企业战略实施与控制弊端的解决方案

（一）调整企业的组织结构

在企业战略实施过程中，无论是前期还是实施过程中都需要对企业自身实际情况进行实时核查与把控，及时分析与调整战略和实施方案，以保障企业战略的实际性、科学性和时效性。通过对企业战略实施模式的分析与选择，确定适合自身实际情况的战略实施模式，调整企业组织结构与完善适应企业战略的组织结构。所以，不但要对企业自身各项因素进行实时核查与科学分析把控，还需要对制定的战略进行实时修整，保证其分析的实时性、科学性以及合理性。因此，只有不断地对企业自身情况进行实时核查与分析，形成企业组织结构战略体制，保证企业战略组织结构的可行性和科学性，才能实现企业战略实施的目的。

（二）提升执行能力

企业在制定和修改、实施战略过程中，对市场和社会环境的分析基本依靠“商业情报”，“情报”的时效性是决定企业战略成功与否的重要影响因素，通过对执行力的支配去服务企业战略来调整执行力适应度。因此，企业应该重视情报，因为它影响着企业对市场和环境的分析、风险规避与问题解决对策的执行与反馈。通过对企业执行力度和企业战略的实施与控制，调整其适应性，规避企业风险，适应市场环境的变化发展。加大企业战略执行力，为

企业战略实施与控制提供强大后盾，加强企业战略和企业执行力的适应性与强度，保证企业战略的顺利实施和科学有效的把控。

（三）完善战略预警体系

建立战略预警体系，首先要设定企业战略预警目标，通过对战略预警目标的设定，规范其运作过程与把控手段。企业战略预警体系主要把控企业风险与环境变化，保持企业组织结构与战略的匹配性，使得企业组织结构完整且能够保障战略的有效实施与控制。战略预警体系主要由“执行体”与“反馈体”两部分组成，“双向结合，畅通预警”，保证预警快速、有效地传递与监督执行，以保障企业战略实施和控制的顺利进行，对企业环境实际情况作出科学反馈。通过不断调整与完善战略预警体系，保障企业风险把控与预警信息的畅通反馈和传递，并利用科学合理的手段，充分发挥企业优势，保证企业战略实施与控制。

（四）确定评价标准

确定评价指标是战略控制过程中最难的部分之一，且由于企业环境的多变，评价指标的动态性与实用性显得非常重要。环境的变化和实际产生效果之间的不确定性，导致评价指标的复杂性与不定性。目前，企业采用投资收益率、附加价值指标和股东价值作为企业战略实施与实际业绩评价指标，从这三方面确定企业实际的绩效水平，为企业战略规划的实施与发展保驾护航。

在确定好评价指标后，根据对企业环境的分析与实际情况的变化，实时调整与完善评价指标体系，对预警体系与控制系统提供的反馈信息进行充分分析与科学整合后，系统地完善评价指标体系，使得评价指标适应企业自身实际情况和环境变化。通过完善企业评价指标，对企业战略实施与控制进行实时的、分主次的、科学合理的把控，保证企业战略的顺利实施与企业目标的实现。

第三章　现代市场营销管理

现代意义的市场，一般有狭义与广义两种解释。从狭义上讲，市场是商品交换的场所。从广义上讲，市场是商品供求关系的总和，它是对市场的高度概括和抽象，体现着商品的供应方、需求方及中间商之间的关系。从市场营销的角度来理解，市场是指某种产品的现实购买者与潜在购买者的需求总和，或者说，市场是人口、购买力和购买意向（购买欲望）有机组成的总和。

第一节　市场营销观念

市场营销学作为一门应用学科，甚至一门艺术，已越来越多地引起商界人士的高度重视。从理论上看，市场营销学之所以具有很强的生命力，从根本上来讲是因为它作为一门学科，在理论上的不断发展创新，而且这种发展或创新动力总是源于市场经济的需要，同时又能指导或服务企业的市场经营活动。自 1912 年哈佛大学学者 J. E. 哈格蒂（J. E. Hagerty）出版第一本《市场营销学》以来，市场营销学领域的新观念不断涌现，不仅从理论上，更从实践上推动了市场营销的“革命”。美国营销大师唐·舒尔茨（Don Schultz）称当前的市场为“21 世纪市场”。他认为，21 世纪的市场是消费者统治的市场，是互动以及不断发展的。它是互联网和万维网的时代，也是电子商务的时代——便捷、快速，消费者居于统治地位——不幸的是，现在的营销和营销传播思想与方法都是按历史市场来设计的。的确，新经济的迅猛发展正逐渐改变着整个营销观念和营销环境。

市场营销观念属于上层建筑的范畴，是一种意识形态，是指企业的决策者在组织和策划企业的营销实践活动时所依据的指导思想和行为准则，即以什么样的指导思想、什么样的态度和什么样的思想方法去从事市场营销活动。

一、传统市场营销观念

19 世纪晚期的产业革命，标志着现代意义上的市场营销观念的产生。其产生和形成既是一个认识过程，也是一个发展过程。

（一）生产观念

生产观念盛行于 19 世纪末 20 世纪初。该观念认为，消费者喜欢那些可以随处买到的、价格低廉的商品，企业应当组织和利用所有资源，集中一切力量提高生产效率和扩大分销范围，增加产量，降低成本。显然，生产观念是一种“重生产、轻营销”的指导思想，其典型表现就是“我们生产什么，就卖什么”。以生产观念指导营销活动的企业，称为生产导向企业。20 世纪初，美国福特汽车公司制造的汽车供不应求，其公司建立者亨利·福特（Henry Ford）曾傲慢地宣称：“不管顾客需要什么颜色的汽车，我只有一种黑色的。”福特公司于 1914 年开始生产的 T 型车，就是在“生产导向”经营哲学的指导下创造出奇迹的。

（二）传统市场产品观念

产品观念是与生产观念并存的一种市场营销观念，两者都重生产、轻营销。产品观念认为，消费者喜欢高质量、多功能和具有某些特色的产品。因此，企业应致力于生产优质产品，并不断精益求精，使产品日趋完善。在这种观念的指导下，公司经理人常常迷恋自己的产品，以至于没有意识到产品可能并不迎合时尚趋势，甚至市场正朝着不同的方向发展。他们在设计产品时只依赖工程技术人员，而极少让消费者介入。杜邦公司在 1972 年发明了一种具有钢的硬度，而重量只是钢的 1/5 的新型纤维。杜邦公司的经理设想了大量的用途和一个 10 亿美元的大市场。然而这一刻的到来比杜邦公司所预料的要晚得多。因此，只致力于大量生产或精工制造而忽视市场需求的最终结果是其产品被市场冷落，使企业陷入困境。

（三）推销观念

推销观念产生于资本主义经济由“卖方市场”向“买方市场”的过渡阶

段，盛行于20世纪三四十年代。推销观念认为，消费者通常有一种购买惰性或抗衡心理，若任其自然，消费者就不会自觉地购买大量本企业的产品，因此企业管理的中心任务是积极推销和大力促销，以诱导消费者购买产品。其具体表现是“我卖什么，就设法让人们买什么”。执行推销观念的企业，称为推销导向企业。

在推销观念的指导下，企业相信产品是“卖出去的”，而不是“被买去的”。他们致力于产品的推广和广告活动，以说服甚至强制消费者购买。他们搜罗了大批推销专家，做大量广告，对消费者进行促销信息“轰炸”。但是，推销观念与前两种观念一样，也是建立在以企业为中心的“以产定销”的基础上，而不是建立在满足消费者真正需要的基础上。因此，前三种观念被称为市场营销的旧观念。

（四）市场营销观念

市场营销观念是以消费者需要和欲望为导向的经营哲学，是消费者主权论的体现，形成于20世纪50年代。该观念认为，实现企业诸目标的关键在于正确捕捉目标市场的需要和欲望，一切以消费者为中心，并且比竞争对手更有效地传送目标市场所期望满足的东西。市场营销观念的产生，是市场营销哲学的一种质的飞跃和革命，它不仅改变了传统的观念，在经营策略和方法上也有很大突破。它要求企业营销管理贯彻“消费者至上”的原则，将管理重心放在发现和了解目标消费者的需要，并千方百计去满足这些需求上，从而实现企业目标。因此，企业在决定其生产经营目标时，必须进行市场调研，根据市场需求及企业本身条件选择目标市场，组织生产经营，最大限度地提高消费者的满意程度。

（五）社会营销观念

社会营销观念是以社会长远利益为中心的，是对市场营销观念的补充和修正。20世纪70年代起，随着全球环境破坏、资源短缺、人口爆炸、通货膨胀和忽视社会服务等问题日益严重，要求企业顾及消费者整体利益与长远利益的呼声越来越高。西方市场营销学界提出了一系列新的理论及观念，如人类观念、理智消费观念、生态准则观念等。其共同点是都认为企业生产经营不仅要考虑消费者需要，还要考虑消费者和整个社会的长远利益。这类观念统称为社会营销观念。

社会营销观念的核心是以获取消费者满意以及消费者和社会公众的长期福利作为企业的根本目的与责任。理想的营销决策应同时考虑到消费者的需求与愿望的满足、消费者和社会的长远利益以及企业的营销效益。

二、现代市场营销观念

（一）大市场营销

大市场营销观念是20世纪80年代以来市场营销观念的新发展。其核心内容是强调企业的市场营销既要适应外部环境，又要能够在某些方面发挥主观能动作用，使外部环境朝着利于企业的方向发展。它将市场营销组合由麦卡锡（E. J. McCarthy）的4P组合，即产品（Product）、价格（Price）、渠道（Place）、促销（Promotion）和策略（Strategy）扩展为6P组合，即加上了Political Power（政治力量）、Public Relations（公共关系）。科特勒认为，一个公司可能有更优质的产品、更完美的营销方案，但要进入某个特定的地理区域时，可能会面临各种政治壁垒和公众舆论方面的障碍。当代的营销者要想有效地开展营销工作，需要借助政治技巧和公共关系技巧。后来，他又将之发展成为10P组合理论，即在6P组合的基础上加上新的4P组合，分别为Probing（市场研究）、Partitioning（市场细分）、Prioritizing（目标优选）、Positioning（产品定位）。不久，科特勒在上述10P组合的基础上再加上了第11个P，即People（人），意指理解人和向人们提供服务。这个P贯穿于市场营销活动的全过程，它是实施前面10个P的成功保证。该P将企业内部营销理论纳入市场营销组合理论之中，主张经营管理者了解和掌握职工需求动向和规律，解决职工的实际困难，适当满足职工的物质和精神需求，以此来激发职工的工作积极性。

（二）关系市场营销

市场营销观念是较之交易市场营销观念形成的，是市场竞争激化的结果。传统的交易市场营销观念的实质是卖方提供一种商品或服务，以向买方换取货币，实现商品价值，是买卖双方价值的交换。双方是一种纯粹的交易关系，交易结束后不再保持其他关系和往来。在这种交易关系中，企业认为卖出商品赚到钱就是胜利，消费者是否满意并不重要。而事实上，消费者的满意度直接影响到消费者的重复购买率，关系到企业的长远利益。

因此,20世纪80年代起美国理论界开始重视关系市场营销，即为了建立、发展、保持长期的、成功的交易关系进行的所有市场营销活动。它的着眼点是与和企业发生关系的供货方、购买方、侧面组织等建立良好稳定的伙伴关系，最终建立一个由这些牢固、可靠的业务关系所组成的“市场营销网”，以追求各方面关系利益最大化。这种从追求每笔交易利润最大化转化为追求同各方面关系利益最大化是关系市场营销的特征，也是当今市场营销发展的新趋势。

关系市场营销观念的基础和关键是“承诺”与“信任”。承诺是指交易一方认为与对方的相处关系非常重要，而保证全力以赴去保持这种关系，它是保持某种有价值关系的一种愿望和保证。信任是当一方对其交易伙伴的可靠性和一致性有信心时产生的，它是一种依靠其交易伙伴的愿望。承诺和信任的存在可以鼓励营销企业与伙伴致力于关系投资，抵制一些短期利益的诱惑，而选择保持、发展与伙伴的关系以获得预期的长远利益。因此，达成“承诺—信任”，然后着手发展双方关系是关系市场营销的核心。

（三）绿色营销

绿色营销观念是在环境破坏、污染加剧、生态失衡、自然灾害威胁人类生存和发展的背景下提出来的新观念。20世纪80年代以来，伴随着各国消费者环保意识的日益增强，世界范围内掀起了一股绿色浪潮，绿色工程、绿色工厂、绿色商店、绿色商品、绿色消费等新概念应运而生，不少专家认为，我们正走向绿色时代，21世纪将是绿色世纪。在这股浪潮冲击下，绿色营销观念也就自然而然地产生了。

绿色营销观念主要强调把消费者需求与企业利益和环保利益三者有机地统一起来，它最突出的特点就是充分考虑资源利用与环境保护问题，要求企业从产品设计、生产、销售到使用的整个过程都要考虑到资源的节约利用和环保利益，做到安全、卫生、无公害等，其目标是实现人类的共同愿望——资源的永续利用与保护和改善生态环境。为此，进行绿色产品的生产与销售，发展绿色产业是绿色营销的基础，也是企业在绿色营销观念下从事营销活动成功的关键。

（四）文化营销

文化营销观念是指企业成员共同默认并在行动上付诸实施，从而使企业营销活动形成文化氛围的一种营销观念，它反映的是现代企业营销活动中，经济与文化的不可分割性。企业的营销活动不可避免地包含文化因素，企业应善于运用文化因素来实现市场制胜。在企业的整个营销活动过程中，文化渗透于其始终。一是商品中蕴含着文化，商品不仅仅是有某种使用价值的物品，同时它还凝聚着审美价值、知识价值、社会价值等文化价值的内容。日本学者本村尚三郎曾说过，企业不能像过去那样，光是生产东西，而要出售生活的智慧和欢乐，现在是通过商品去出售智慧、欢乐和乡土生活方式的时代了。二是经营中凝聚着文化。一些日本企业经营的成功得益于其企业内部全体职工共同信奉和遵从的价值观、思维方式和行为准则，即所谓的企业文化。

营销活动中尊重人的价值、重视文化建设、重视管理哲学及求新、求变精神，已成为当今企业经营发展的趋势。企业文化的因素是把企业各类人员凝集在一起的精神支柱，是企业在市场竞争中占据优势的源泉和保证。

（五）整体营销

1992 年，美国市场营销学界的权威菲利普·科特勒提出了跨世纪的营销新观念——整体营销观念，其核心是从长远利益出发，公司的营销活动应囊括构成其内外部环境的所有重要行为者，他们是供应商、分销商、最终消费者、职员、财务公司、政府、同盟者、竞争者、传媒和一般大众。前四者构成微观环境，后六者体现宏观环境。公司的营销活动就是要从这十个方面进行。

三、网络化市场营销观念

经济全球化是当今世界经济发展的最重要趋势，在这一经济规律的驱动下，各国企业和产品纷纷走出国门，在世界范围内寻求发展机会，许多产品已成为全球性产品，许多支柱产业已成为国际性支柱产业，而不是某一国的产品或产业。特别是实力雄厚的跨国公司，早已把全球市场置于自己的营销范围内，以一种全球营销观念来指导公司的营销活动。

互联网在市场营销领域的应用将人们带入了一个全新的电子商务时代。新的市场营销观念大多与发达的加工制造技术、电信和信息技术以及日益全球化的竞争趋势紧密相连，如“定制营销”“网络营销”“营销决策支持系统”“营销工作站”等。互联网自身及其在市场营销领域的迅猛发展对市场营销观念与行为产生了巨大的影响。基于互联网的电子商务是使用电子技术的方式来实现市场营销目标的新途径，这一途径发展迅猛。

电子商务环境下的市场营销观念从根本上改变了传统的4PS或6PS营销观念，网络经济下产生的虚拟组织不再需要地理上的营销渠道，也不需要存储清单，不需要大而固定的营销场所，就可以开展全球化业务，网络使企业摆脱地理疆界限制。市场营销行为不受时空限制，全球化、全天候的服务使交易更加便利。商户在电脑网络上开设自己的主页，在主页开设“虚拟商店”，陈列其商品，顾客通过网络可以进入虚拟商店，挑选商品、下订单、支付都可以在网上完成，商户接到订单后就送货上门。电子商务可以更快捷更准确地捕捉顾客光临网站的各项信息，以此来了解顾客的偏好，预期新产品概念和广告效果，最终使顾客参与产品的设计，从而使一对一的、高质量的、个性化的“定制产品”和“定制服务”不再是富人的专利。

网络营销可以促进企业通过网络快速地了解市场动向和顾客需求，减少中间环节，降低销售成本。

从营销大师菲利普·科特勒对营销理念的探求过程中，可以清晰地看到市场营销观念始终处在变化之中，这也充分说明企业的营销活动始终是在动态地发展着的。而市场营销观念无论如何变化，关注消费者、尊重消费者，关注整个社会福利的提高与改善，都始终是一条主线。围绕着这一条主线开展营销活动并持之以恒，企业才能健康而长久地发展。

第二节 市场购买行为研究

一、影响购买行为的因素

消费者不可能凭空做出自己的购买决策，其购买决策在很大程度上受到文化、社会、个人和心理等因素的影响。

（一）文化

文化、亚文化和社会阶层等文化因素，对消费者的行为具有最广泛和最深远的影响。文化是人类欲望和行为最基本的决定因素，低级动物的行为主要受其本能的控制，而人类行为大部分是学习而来的，在社会中成长的儿童通过其家庭和其他机构的社会化过程学到了一系列基本的价值、知觉、偏好和行为的整体观念。每一种文化都包含着能为其成员提供更为具体的认同感和社会化的较小的亚文化群体，如民族群体、宗教群体、地理区域群体等。

在一切人类社会中，都存在着社会层次。它有时以社会等级制形式出现，不同等级的成员都被培养成一定的角色，而且不能改变他们的等级成员资格。然而更为常见的是，层次以社会阶层形式出现。所谓社会阶层，是指一个社会中具有相对的同质性和持久性的群体，它们是按等级排列的，每一阶层的成员具有类似的价值观、兴趣爱好和行为方式。

（二）社会

消费者购买行为也受到如参照群体、家庭、社会角色与地位等一系列社会因素的影响。

参照群体是指那些直接或间接影响人的看法和行为的群体。直接参照群体又称为成员群体，即某人所属的群体或与其有直接关系的群体。成员群体又分为首要群体和次要群体两种。首要群体是指与某人直接、经常接触的一群人，一般都是非正式群体，如家庭成员、亲戚朋友、同事、邻居等。次要群体是对其成员影响并不很频繁但一般都较为正式的群体，如宗教组织、职业协会等。间接参照群体是指某人的非成员群体，即此人不属于其中的成员，但又受其影响的一群人。家庭是组成社会的一个基本单位，也是消费者的首要参照群体之一，对消费者购买行为有着重要影响。

一个人在其一生中一般要经历两个家庭。第一个是父母的家庭，在父母的养育下逐渐长大成人，然后又组成了自己的家庭，即第二个家庭。当消费者做出购买决策时，必然要受到这两个家庭的影响，其中受原有家庭的影响比较间接，受现有家庭的影响比较直接。一个人在其一生中会加入许多群体，如家庭、俱乐部及其他各种组织。每个人在各个群体中的位置可用角色和地位来确定。每一个角色都将在某种程度上影响其购买行为。每一角色都伴随着一种地位，这一地位反映了社会对他或她的总评价。而地位标志又随着不同阶层和地理区域而有所变化。

（三）个人

消费者购买决策也受其个人特性的影响，特别是受其年龄所处的生命周期阶段、职业、经济状况、生活方式、个性以及自我观念的影响。生活方式是一个人在世界上所表现的活动、兴趣和看法的生活模式。个性是一个人所特有的心理特征，它导致一个人对其所处环境的相对一致和持续不断的反应。

（四）心理

消费者购买行为受动机、知觉、学习以及信念和态度等主要心理因素的影响。动机是一种升华到足够强度的需要，它能够及时引导人们去探求满足需要的目标。亚伯拉罕·马斯洛认为，人是有欲望的动物，需要什么取决于已经有了什么，尚未被满足的需要才影响人的行为，亦即已满足的需要不再是一种动因；人的需要是以层次的形式出现的，按其重要程度的大小由低级需要逐级向上发展到高级需要，只有低层次需要被满足后，较高层次的需要才会出现并要求得到满足。一个被激励的人随时准备行动。然而，他如何行动则受其对情况的知觉程度的影响。

两个人在处于相同的激励状态和目标情况下，其行为却大不一样，这是由于他们对情况的知觉各异。所谓知觉，是指个人选择、组织并解释信息，以便创造一个有意义的过程，它不仅取决于刺激物的特征，还依赖于刺激物同周围环境的关系以及个人所处的状况。人们之所以对同一刺激物产生不同的知觉，是因为人们要经历三种知觉过程，即选择性注意、选择性曲解和选择性记忆。人们对刺激物的理解是通过感觉进行的。所谓感觉，是指通过视、听、嗅、味、触五种感官对刺激物的反应。随着感觉的深入，人们将感觉到的材料通过大脑进行分析综合，从而得到知觉。

人们要行动就得学习。学习是指由于经验而引起的个人行为的改变。人类行为大多来源于学习。一个人的学习是通过驱使力、刺激物、诱因、反应和强化的相互影响而产生的。由于市场营销环境不断变化，新产品、新品牌不断涌现，消费者必须经过多方收集有关信息之后，才能做出购买决策，这本身就是一个学习过程。

通过行为和学习，人们获得了自己的信念和态度，而信念和态度又反过来影响人们的购买行为。所谓信念，是指一个人对某些事物所持有的描述性思想。生产者应关注人们头脑中对其产品或服务所持有的信念，即本企业产品和品牌的形象。人们根据自己的信念做出行动，如果一些信念是错误的，并妨碍了购买行为，生产者就要运用促销活动去纠正这些错误信念。所谓态度，是指一个人对某些事物或观念长期持有的好与坏认识上的评价、情感上的感受和行动倾向。态度能使人们对相似的事物产生相当一致的行为。一个人的态度呈现为稳定一致的模式，改变一种态度就需要在其他方面进行重大调整。

二、购买行为的决策过程

市场营销者在分析了影响购买者行为的主要因素之后，还需了解消费者如何真正做出购买决策，即了解谁做出购买决策、购买决策的类型以及购买过程的具体步骤。

（一）购买决策者的角色

人们在购买决策过程中可能扮演不同的角色，包括发起者，即首先提出或有意想购买某一产品或服务的人；影响者，即其看法或建议对最终决策具有一定影响的人；决策者，即对是否买、为何买、如何买、何处买等方面的购买决策做出完全或部分最后决定的人；购买者，即实际采购人；使用者，即实际消费或使用产品或服务的人。

（二）购买行为的类别

消费者购买决策随其购买决策类型的不同而变化。较为复杂和花钱多的决策往往凝结着购买者的反复权衡和众多人的参与决策。根据参与者的介入程度和品牌间的差异程度可将购买行为分为四种。

1. 习惯性购买行为

对于价格低廉、经常购买、品牌差异小的产品，消费者不需要花时间进行选择，也不需要经过收集信息、评价产品特点等复杂过程，因此其购买行为最简单。消费者只是被动地接收信息，出于熟悉而购买，也不一定进行购后评价。这类产品的市场营销者可以用价格优惠、电视广告、独特包装、销售促进等方式鼓励消费者试用、购买和续购其产品。

2. 多样化购买行为

有些产品品牌差异明显，但消费者并不愿花长时间来选择和估价，而是不断变换所购产品的品牌。这样做并不是因为对产品不满意，而是为了寻求多样化。针对这种购买行为类型，市场营销者可采用销售促进和占据有利货架位置等办法，保障供应，鼓励消费者购买。

3. 不协调购买行为

有些产品品牌差异不大，消费者不经常购买，而购买时又有一定的风险，所以消费者一般要比较、看货，只要价格公道、购买方便、机会合适，消费者就会购买。购买以后，消费者也许会感到有些不协调或不够满意，在使用过程中，会了解更多情况并寻求种种理由来减轻、化解这种不协调，以证明自己的购买决定是正确的。

由不协调到协调的过程，消费者会有一系列的心理变化。针对这种购买行为类型，市场营销者应注意运用价格策略和人员推销策略，并选择最佳销售地点，向消费者提供有关产品评价的信息，使其在购买后相信自己做了正确的决定。

4. 复杂购买行为

当消费者购买一件贵重的、不常买的、有风险的而且又非常有意义的产品时，由于产品品牌差异大，消费者对产品缺乏了解，需要有一个学习过程，广泛了解产品性能、特点，从而对产品产生某种看法，最后决定购买。对于这种复杂的购买行为，市场营销者应采取有效措施，帮助消费者了解产品性能及其相对重要性，并介绍产品优势及其给消费者带来的利益，从而影响消费者的最终选择。

（三）购买决策过程

在复杂购买行为中，购买者的购买决策过程由引起需要、收集信息、评价方案、决定购买和买后行为五个阶段构成。

消费者的需要往往由两种刺激引起，即内部刺激和外部刺激。市场营销人员应注意识别引起消费者某种需要和兴趣的环境，并充分注意到两个方面的问题：一是注意了解那些与本企业的产品实际上或潜在地有关联的驱使力；二是消费者对某种产品的需求强度会随着时间的推移而变动，并且被一些诱因所触发。在此基础上，企业还要善于设置诱因，促使消费者对企业产品产生强烈的需求并立即采取购买行为。

一般来讲，引起的需要不是马上就能满足的，消费者需要寻找某些信息。

消费者信息来源主要有个人来源（家庭、朋友、邻居、熟人），商业来源（广告、推销员、经销商、包装、展览），公共来源（大众传播媒体、消费者评审组织等），经验来源（处理、检查和使用产品）等。市场营销人员应对消费者使用的信息来源认真加以识别，并评价其各自的重要程度及询问消费者最初接收到品牌信息时有何感觉等。

消费者对产品的判断大多建立在自觉和理性基础之上的。消费者的评价行为一般会涉及产品属性（产品能够满足消费者需要的特性）、属性权重（消费者对产品有关属性所赋予的不同的重要性权数）、品牌信念（消费者对某品牌优劣程度的总的看法）、效用函数（描述消费者所期望的产品满足感随产品属性的不同而有所变化的函数关系）和评价模型（消费者对不同品牌进行评价和选择的程序和方法）等方面。

第三节　目标市场选择与市场定位

一、消费者市场细分

所谓市场细分，是指从消费者的购买欲望和需求的差异性出发，按一定标准将一个整体市场划分为若干个子市场，从而确定企业目标市场的活动过程。其中任何一个子市场都是一个具有相似的购买欲望和需求的群体。

市场细分的目的在于发现市场机会，从一系列细分市场中选择最适合企业经营的市场，它是企业实施目标市场营销策略的出发点和基础。

市场细分的客观基础是消费者需求的差异性。由于消费者所处的地理、社会环境不同，自身的心理素质以及购买的动机不同，他们对产品的价格、质量、款式的需求也存在差异性。例如，有的消费者要求服装的款式新颖，面料的质地精良；有的消费者则要求服装穿着舒适，面料耐磨。这样就可将服装的消费者分为两个类别，服装市场也就被细分为两个子市场。如果再考虑到儿童、妇女、男子在服装款式方面的不同需求，服装市场则可以进一步细分为六个子市场。这些引起需求差异的原因就是市场细分的客观根据。

市场细分要依据一定的细分变量来进行，如消费者市场细分的变量主要有地理变量、人口变量、心理变量和行为变量等四类。

（一）市场的地理细分

地理细分是指企业按照消费者所在的地理位置以及其他地理变量，如地理区域、行政区域、地形气候等来细分消费者市场。不同的地理条件、不同的居住环境造成了消费习惯的差异，使消费者对企业的产品价格、分销渠道、广告宣传等营销措施的反应也各不相同。

（二）市场的人口细分

人口细分是指企业按人口变量，如年龄、性别、收入、教育、职业、宗教和国籍等来细分消费者市场。按照这些变量可以将消费者市场分成不同的群体。例如，用年龄来划分玩具市场，用家庭的规模来划分家庭用品、房屋市场，用收入来划分汽车市场，等等。

（三）市场的心理细分

心理细分是指企业按照消费者的社会阶层、生活方式、个性特征等心理变量来细分消费者市场。

（四）市场的行为细分

行为细分是指企业按照消费者购买或使用某种产品的购买时机、追寻利益、使用者情况及使用率、忠诚度和对产品的态度等行为变量来细分消费者市场。

购买时机是按消费者购买和使用产品的时机来细分市场。追寻利益是依据消费者购买商品所追寻的利益的侧重点的不同而实现市场细分。使用者情况及使用率，主要变量有非使用者、曾经使用者、潜在使用者、初次使用者、经常使用者等。忠诚度的主要变量有单一品牌忠诚者、多品牌忠诚者、转移忠诚者和非忠诚者四类，企业通过分析并采取一系列营销策略来稳固忠诚者，吸引多品牌忠诚者和转移忠诚者。消费者对产品的态度可细分为五个变量，即热爱、肯定、无差别、拒绝和敌意，企业应针对消费者的不同态度，采取不同的营销策略，培养消费者对本产品热爱的态度。

二、选择目标市场

（一）目标市场的定义

所谓目标市场，就是企业营销活动所要满足的市场，是企业为实现预期目标而进入的市场。也就是说，目标市场是在细分市场的基础上所选择的既能发挥企业相对优势，又能提供获利机会的值得进入的市场。企业的一切营销活动都是围绕目标市场进行的。确定目标市场与市场细分既有区别又有联系。市场细分是按照消费者需求差异性划分消费者群体的过程，而确定目标市场则是对细分以后的市场所进行的选择，也就是从细分市场中选择一个或几个作为企业营销活动的目标市场的过程。市场细分是确定目标市场的基础和前提条件，而确定目标市场则是市场细分的目的。

（二）选择目标市场的策略

企业为了有效地占领目标市场，可以选择的策略主要有以下三种。

1. 无差异性策略

无差异性策略指企业以整个市场（全部细分市场）为目标市场，提供单一的产品，采用单一的营销组合策略。这种策略的特点是企业只注重细分市场的共性而不考虑细分市场的特性，把市场看成一个无差别的整体。无差异性市场营销策略的优点在于，能够通过单一产品的大批量生产降低产品成本和提高设备利用率，同时避免开发费用投入和节省促销费用，有利于用低价争取最多的消费者。其缺点在于，它不能满足消费者各种不同的需要，只是停留在大众市场的表层，无法进一步发展。同时这种策略缺乏弹性，难以适应市场的频繁变化。

2. 差异性策略

差异性策略指企业在对市场进行细分的基础上，根据各细分市场的不同需求，分别设计不同的产品和运用不同的市场营销组合，服务于各细分子市场。这是很多企业采用的目标市场策略。通过不同的产品来满足各个细分子市场的需要，可以为企业吸引到更多的消费者，扩大企业的销售额，增加企业在市场中的竞争力。这一策略的缺点是，由于提高了企业产品种类和市场营销组合的多元化，企业用于设计、试制、制造和改进工艺的生产成本、管理成本、促销成本都大大提高。

3. 集中性策略

集中性策略指企业集中全部力量于一个或极少数几个细分子市场，提供能满足这些细分子市场需求的产品，以期在竞争中获得优势。这是大多数中小企业采用的策略，其优点是，可以充分利用其有限的资源，发挥其在某些方面的优势，以达到积聚力量，与竞争对手抗衡的目标，从而提高产品的市场占有率。

其缺点是有较大的风险。由于企业所选择的目标市场的范围较狭窄，一旦市场情况突变，或者出现强大的竞争对手，企业可能陷入困境，没有回旋的余地。

上述三种目标市场策略既有联系又有区别。无差异性市场策略与差异性市场策略都力图覆盖整个市场，所不同的是，前者实际并没有对市场加以细分，而只是以一种产品、一种营销组合策略面对整个市场；后者则是在市场细分的基础上生产多种产品，采用多营销组合策略，以开拓各个细分市场。差异性市场策略与集中性市场策略都以市场细分为基础，所不同的是，前者将许多细分子市场作为目标市场，后者则以少数几个甚至一个细分市场为目标市场。

（三）目标市场策略的影响因素

影响目标市场策略的因素主要有以下几种。

第一，企业资源。当企业规模较大、技术实力雄厚、资源丰富时，可采用差异性或无差异性市场营销策略。反之，则应采用集中性市场营销策略，以规避市场风险。

第二，同质性产品。对同质性产品，特别是消费者无特殊要求的产品，可用无差异性市场营销策略。反之，则应采用差异性市场营销策略和集中性市场营销策略。

第三，产品所处的生命周期。产品所处的生命周期不同，采用的市场营销策略也不同。当产品处于导入期或成长期时，宜采用无差异性的市场营销或集中性市场营销策略去探测市场需求和潜在消费人群的情况。当产品进入成熟期或衰退期时，企业应采用差异性市场营销策略，这样才能延长产品的生命周期，开拓市场，维持和扩大销售量。

第四，市场的同质性。该类市场上消费人群的需求、欲望和偏好都相似，一定时期内的购买数量相同，对市场营销刺激的反应也相同。因而，企业可采用无差异性市场营销策略。反之，如果市场差异很大，则企业应采用差异性市场营销策略或集中性市场营销策略。

第五，企业的竞争对手。企业处于竞争的环境时，对营销策略的采用将受到竞争者的制约。如果对手采用无差异性市场营销策略，则本企业应寻找机会，采用差异性市场营销策略或集中性市场营销策略。另外，竞争者的多少也是企业选择目标市场营销策略时要考虑的因素之一。

企业应当根据内部条件和外部环境，综合考虑竞争对手各方面的情况，有针对性地选取目标市场和营销策略。

三、目标市场产品定位

企业通过市场细分，确定目标市场后，就要进行市场定位。市场定位的实质是利用产品在消费者心目中树立某种企业形象。所谓市场定位，是指目标市场产品的定位，是依据竞争者现有产品在市场上所处的位置，针对消费者或用户对该种产品某种特征或属性的重视程度，强有力地塑造出本企业的产品与众不同的、让人印象鲜明的个性形象，并把这种形象生动地传递给消费者，使该产品在市场上占据适当的位置。

（一）市场定位的意义

市场定位是市场营销组合的基础，市场营销组合是企业占领目标市场，进行市场竞争的基本手段。

市场定位是整合市场传播的依据。整合市场传播的最大优势在于用多样化的传播或促销手段，向日标市场传达同一要求，可以实现各种传播资源的合理配置，从而以相对较低的投入产出较高的效益。

市场定位有助于树立企业及其品牌形象。

（二）市场定位的类别

市场定位的类型主要分为初次定位、重新定位、针对式定位与创新式定位。

初次定位是在新成立的企业初入市场、新品牌投入市场，或产品进入新市场时，企业面向缺乏认识的目标消费者进行的市场定位工作。

重新定位则是企业改变市场对其原有的印象，使目标消费者对其建立新的认识的过程。

针对式定位是企业选择靠近现有的竞争者或与其重合的市场位置，争夺同样的目标消费者。

创新式定位是企业避开与竞争者直接对抗，将其位置定于某处市场“空隙”，发展目前市场上未出现的某种特色产品，开拓新的市场领域。做出这一决策前，企业必须明确创新式定位所需的产品特色在技术上、经济上是否可行，以及是否有足够的消费者偏好这样的产品特色。

（三）进行市场定位的方式

定位的目的非常明确，即要在消费者心目中建立企业的产品形象和企业形象，要使消费者一提及某产品就能优先想到该企业，因此定位的出发点应是“消费者关心什么”。分析企业常用的产品定位方式，主要有以下几种：①根据特定的产品属性进行定位；②根据需要满足的需求或所提供的利益进行定位；③根据使用场合及用途进行定位；④根据使用者的类型进行定位；⑤根据竞争者进行定位；⑥根据企业的竞争战略进行定位。

第四节　市场营销基本策略

一、产品基本策略

（一）产品的概念

按传统的理解，产品是指具有某种特定物质形状和用途的物体，即实体的产品。而从市场营销的观点看，所谓产品，指的是向市场提供的能满足人们某种需要的一切物品和劳务，它包括实物、服务、场所、主意和计谋等。它不仅包括物质形态的产品，也包括非物质形态的产品，这是产品的整体概念。具体可使用五个层次来表述产品整体概念。

1. 第一层次——核心产品

核心产品是指企业为消费者提供的基本效用或利益。人们购买某种产品，是为了满足某种需要，而不是为了获得产品本身，这是产品的核心内容。例如，人们购买电视机是为了满足其“信息和娱乐”的需要。

2. 第二层次——基础产品

基础产品是指核心产品借以实现的形式，是企业向消费者提供的产品实体和服务的外观，在市场上表现为品质、特色、款式、品牌和包装五个方面。

3. 第三层次——期望产品

期望产品是指消费者购买产品时期望的一整套属性和条件。例如，消费者在餐馆消费时，期望洁净的餐具和可口的饭菜。

4. 第四层次——附加产品

附加产品是指产品包含的附加服务和利益，如产品说明书、免费安装、上门服务、送货、技术培训等，从而把一个公司的产品与另一个公司的产品区别开来。

5. 第五层次——潜在产品

潜在产品是指产品最终可能的所有改变，表明了现有产品可能的演变趋势。

（二）产品组合策略

产品组合是指一个企业生产或经营的全部产品线和产品项目的组合。

产品组合是由产品线构成的，产品线是由使用功能相同但规格不同的一组产品项目构成的。不同的产品组合方式就是由产品线的不同宽度、深度和关联程度所决定的。产品组合的宽度说明企业经营了多少产品类别，有多少条产品线。产品组合的深度是指企业经营的各种产品线内平均项目的多少。产品组合的关联程度是指各种产品线在最终用途、生产条件、分销渠道及其他方面相互联系的程度。

所谓产品组合策略，就是根据市场需求和企业目标，对产品组合的宽度、深度和关联程度进行决策。在一般情况下，增加产品组合的宽度、增加产品线的深度和加强产品组合的关联程度，可以使企业降低投资风险、增加产品的差异性、适应不同消费者的需求，提高企业在某一地区或某一行业的声誉。常用的产品组合策略有以下几种。

第一种，扩大产品组合，即拓宽产品组合的广度，增加产品线，扩大经营范围。扩大产品组合可以使企业充分地利用人、财、物资源。一个企业相对稳定的资源状况是同一定的产品数量相匹配的，随着企业技术水平的提高或原有市场的缩小，就形成剩余的生产能力，开辟新的生产线就可以充分利用和发挥生产能力。扩大产品组合还有助于避免风险，增强企业的竞争能力。

第二种，缩小产品组合，就是根据市场的需求状况和企业的条件减少或淘汰一定的产品线，保留较少的生产线，集中力量，开发和经营市场上的畅销获利产品。

第三种，产品线延伸，也就是企业把产品线延长，使其超出目前范围的一种行动。产品线延伸的目的在于开拓新的市场、增加消费人群；适应消费者需求的改变，配齐该产品线的所有规格、品种，使之成为完整的产品线。产品线延伸有三种形式，分别为向下延伸、向上延伸和双向延伸。

向下延伸是在企业原来定位于高档产品市场的产品中增加低档产品项目；向上延伸是原来定位于低档产品市场的企业在原有产品线内增加高档产品项目，使企业进入高档产品市场的策略；双向延伸是在原定位于中档产品市场的企业获取了市场优势之后，决定向产品线的上下两个方向同时延伸，一方面增加高档产品项目，另一方面增加低档产品项目，以扩大市场占有率的策略。

（三）品牌策略

1. 品牌的概念

品牌是制造商或经销商加在商品上的标志，它是企业用以区别其他类似产品的名称、符号、设计，或它们的组合。它的基本功能在于使竞争者相互区别。品牌是一个笼统的名词，具体包括品牌名称、品牌标志和商标。

品牌名称是指品牌中可以用语言称呼表达的部分，如长城、可口可乐等都属于可以用语言称呼的品牌名称。

品牌标志是指品牌中可以通过视觉识别但不能用语言称呼的部分，如在符号、图像、色彩等方面与众不同的设计。

商标是指品牌（包括品牌名称和品牌标志）向政府有关部门注册登记后，获得专用权，受到法律保护的东西。注册商标是一个法律名词，用以保证企业的利益不受侵犯。在我国，商标与品牌常常被误认为是一回事。有时商标被视为厂牌，其实厂牌代表企业的特性，而商标代表商品的特性，具有排他性。在我国，商标分为注册商标和非注册商标。

2. 产品的品牌策略

企业的品牌策略是指企业如何合理地使用品牌以达到一定的营销目的。企业在进行品牌决策时，一般面临以下两个问题。

一是是否使用品牌。使用品牌对绝大多数产品而言是必要的，能起到积极作用。但不是所有产品都必须使用品牌。例如，产品本身不因制造者不同而具有不同特点，如电力、煤炭等；消费者习惯上不在意其商标的商品，如水果等。

二是使用制造者品牌还是销售者品牌。一般来说，企业要进入一个对其产品还不了解的新市场时，或生产制造企业的商誉远不及销售商的商誉时，宜采用销售商的品牌。在制造企业拥有良好的市场声誉，拥有较大市场份额的情况下，多使用制造者品牌。

制造企业决定使用自己的品牌，仍然面临进一步的选择，即对本企业的产品分别使用不同的品牌，还是使用一个统一的品牌或几个品牌，在这方面可供选择的策略有下列三种。

（1）个别品牌，即各种产品分别使用不同的品牌。采取个别品牌有利于产品各自发展，即使个别产品声誉不佳，也不致影响其他产品及整个企业的声誉，而且有利于企业为每个新产品寻求最适当的品牌名称，以吸引消费者。

（2）统一品牌，即所有产品统一使用一个品牌。采取这一策略的好处是可以节省品牌的设计和广告费用，有利于消除消费者对新产品的不信任感，加快新产品的推广速度。当然，使用统一品牌也具有一定的风险，如果某个产品项目的质量水平不行，或市场声誉较差，就会危害企业其他产品的声誉，甚至危害整个企业的声誉。

（3）各产品线分别使用不同的品牌。采用这一策略具备使用个别品牌和统一品牌两方面的好处。企业制造或销售不同类型的产品时，不宜使用统一品牌，因为不同类型的产品容易发生混淆。另外，虽然制造和销售同类型的产品，但由于质量水平和价格水平有所差异，也应使用不同的品牌，以便于识别。这种策略，从各产品线来看是使用个别品牌，而从同一条生产线内的各产品项目来看又是使用统一品牌。

（四）包装策略

产品包装本身是产品整体概念的组成部分，反映了产品的效用质量，是形式产品的内容之一。产品包装是指产品在运输、存储和销售过程中，为保持其价值和使用价值、保护产品和美化产品而采用的一种综合性的技术经济措施的容器和包扎物。

企业为了充分发挥产品包装的促销作用，在包装设计上采取了各种各样的措施，形成了不同的包装策略。通常采用的包装策略有以下几种。

（1）类似包装策略。指一个企业所生产的各种不同产品，在包装上添加相同图案、色彩或其他共同特征，使顾客很容易发现是一家企业的产品。类似包装可以节省包装设计费用，提升企业声誉，有利于介绍、宣传新产品，迅速开辟新市场。但是如果不同产品的质量相差悬殊，质量好的产品也将受到不利影响。

（2）组合包装策略。指把使用时相互关联的多种产品组合装入一个包装容器内一起出售，如家用药箱、针线包等。这种包装策略的主要优点是便于消费者购买和使用，也有利于扩大相关商品的销路。

（3）再使用包装策略。指原包装的商品用完之后，空的包装容器可移作其他用途。这种包装策略在一定程度上能引导刺激消费者购买，并在商品用完后继续起广告宣传作用。但是，如果包装物占商品价格的比例过大，反而会对商品销售产生不利影响。

（4）附赠品包装策略。指在包装物内附有赠券、物品或用包装本身可换礼品等，借以刺激消费者的购买或重复购买欲望，扩大销售范围。

（五）产品开发策略

在技术飞速发展的现代社会，产品的生命周期呈现出越来越短的趋势，企业如果不能不断开发适应市场需要的新产品，就很难保持企业的竞争能力和市场地位，甚至会被淘汰。因此，开发新产品对企业来说是影响到企业生存的大事。

新产品通常是指将已正式投入生产并受到市场欢迎的那些在结构、性能、材质、制造工艺等一方面或几方面比老一代产品有显著改进或提升的产品。

企业可以将技术引进、自行研制与技术引进相结合、独自研制等方式作为新产品开发的有效途径。

新产品开发能力是企业竞争能力的重要组成部分，关系着企业经营活动的成败。同时，新产品开发又是一项艰巨而复杂的工作，它不仅要投入大量的资金，还要冒很大的风险。新产品开发一般要经过构思、筛选构思、具体产品概念的形成、可行性分析、产品研制、试销、正式投产等阶段。

（六）生命周期策略

产品生命周期是指产品的市场寿命。一种产品进入市场后，它的销售量和利润都会随时间推移而改变，经历一个由少到多、由多到少的过程，就如同人的生命一样，由诞生、成长到成熟，最终走向衰亡，这就是产品的生命周期现象。产品只有经过研究开发、试销、进入市场，它的市场生命周期才算开始。产品退出市场，则标志着产品生命周期的结束。产品生命周期由四个阶段组成，即介绍期（投入期）、成长期、成熟期和衰退期。

二、价格基本策略

（一）影响产品定价的因素

在市场营销活动中，企业的定价工作受到各种因素的影响和制约。

1. 定价的目标

企业在定价时制定的目标不同，所定的价格就不同，因此定价目标是企业定价策略方针和方法的依据。定价目标有很多，这里仅介绍几种主要目标：

（1）以最大利润为目标。争取最大利润是许多企业定价的重要目标，指企业希望获取最大限度的销售利润或投资收益。这里的最大利润是指企业长期的、全部产品的最大利润。

（2）以市场占有率为目标。较高的市场占有率有时会给企业带来长期利益，因此企业有时也把获得较高的市场占有率作为定价目标。一般认为，较低的价格能够帮助产品获得较高的市场占有率。但增加销售量、提高市场占有率有时会和盈利有一定的矛盾。因此，企业在考虑市场占有率时，也要兼顾企业的长期利润目标，否则，不仅无利可图，甚至还会导致企业亏损破产。

（3）以避免和应付竞争为目标。大多数企业对竞争者的价格策略很敏感，定价以前都需要多方面搜集信息，把企业的产品与竞争者的产品进行比较，然后决定本企业产品价格究竟应该高于、等于还是低于竞争者产品的价格。

2. 市场的产品需求量

市场供求关系是决定企业产品价格的基本因素之一。当供过于求时，价格会下降，反之则会上升。随着市场经济的发育完善，需求一般总是处于主导地位，在市场上表现为价格上涨，需求量减少；价格下降，需求量增加。

不同商品在不同条件下，价格变动所引起的需求变化幅度是有差别的。反映这种差别，衡量需求变化对价格变动的灵敏度，用需求价格弹性可以表示。因此，人们往往通过对需求价格弹性系数的变化来确定价格与市场需求的影响程度，以此来制定产品的价格。

3. 同行业竞争者的行为

同行业竞争者的行为是企业定价中最难把握的因素。行业中任何一个企业，任何一次价格的制定与变动都会引起竞争者的关注，并导致竞争者采取相应的对策。在竞争中，处于优势的企业有较大的定价自由，处于劣势的企业常常没有定价的主动权，只能采用追随性价格策略。另外，竞争对手的定价行为也影响到企业的定价行为，迫使企业做出相应的变动。

4. 产品的制造成本

产品的成本是企业在生产经营过程中各种费用的总和，是价格构成的基本因素和定价的基础。为了保证企业再生产的实现，通过市场营销活动，企业既要收回成本，又要有一定的盈利。可见，产品成本是企业制定产品价格的最低界限。在市场竞争中，成本领先的企业，对价格制定有较大的灵活性，能获取较好的经济效益。反之，成本落后的企业则往往处于被动的局面。

5. 政府的方针政策

产品价格同政府的方针政策有着密切的关系。公共政策是指政府的方针政策，包括对市场价格的控制或管制、对产品的价格补贴等。同时，政府的经济政策也影响着货币价值的变化并引起价格的变动。

（二）价格策略

价格策略包括制定价格和调整价格的策略，以下介绍两种常用的价格策略。

1. 制定价格策略

（1）折扣策略。折扣策略通常包括数量折扣策略、现金折扣策略、交易折扣策略和季节性折扣策略四种。

①数量折扣是指企业为鼓励消费者大量购买自己的产品，根据购买数量或金额给予一定的折扣。购买数量越大，折扣越大。采用这种策略，可以鼓励消费者大量购买企业的产品、减少交易次数和时间，节省人力、物力，使

企业增加盈利。

②现金折扣是指当消费者以现金付款或在约定付款到期日之前若干天内付款时，给予一定比例的价格优待。这是加速企业流动资金周转的一种策略。

③交易折扣是指生产企业根据各类中间商在市场营销中所承担的不同功能给予不同的折扣，因此又称作功能性折扣。例如，企业给予批发商以较大的折扣，而给予零售商较小的折扣，可促使批发商大量经营该企业的产品。

④季节性折扣是指生产季节性商品的企业，在淡季给予购买其产品的顾客一定的价格优惠。采用这种策略，可以鼓励批发商和零售商在淡季购货，使生产企业减少仓储费用和加速资金周转，保证企业生产正常运行。

除以上四种折扣策略之外，生产企业给予那些为产品提供各种促销活动的中间商一定的津贴或减价作为报酬，或者企业开展以旧换新活动，收进同类旧产品，同时在新货价格上打折扣，也是一种折扣策略，这种策略对推广新产品尤为适用。

（2）地理位置价格策略。企业在定价时，运费是要考虑的重要因素。尤其是当运费在可变成本中所占比重较大时，更需要合理摊算运输成本。常用的地理位置价格策略如下。

①生产地定价，即以产地价格或出厂价格为标准，运费由购买方全部负担。这种策略对卖方最为有利，适用于各地买主，因此使用最为广泛。

②统一交货定价，即不论买主所在地的远近，都收取相同的运费，由卖主将货运送到买主所在地。这种方法类似于邮政服务，只有当运费在可变成本中所占比例较小时才使用。

③区域定价，即企业将市场划分为几个大区域，在每个区域内实行统一定价策略，运费计算方法类似邮寄包裹或长途电话的计费。

④津贴运送定价，即企业对离得较远的中间商或用户补贴一部分运费或全部运费，以促进较远的用户购买。

（3）消费者心理定价策略。心理定价策略是针对消费者心理采用的定价策略。运用心理学原理，根据不同类型的消费者在购买商品时的不同心理需求来定价，以诱导消费者增加购买量。心理定价策略包括以下三种。

①整数价格策略，即把商品的价格定成整数，不带零头。这种定价策略主要适用于高档消费品或消费者不太了解的产品。对这类产品，人们往往抱有“一分钱一分货”的心理。采用整数定价策略，可以使把高价物品看作一

种显示身份的标志的消费者容易做出购买决定。一般消费品不宜采用这种定价策略。

②尾数价格策略，就是在定价时让产品的价格用零头结尾，如把 10.00 元的价格改为 9.99 元。尾数价格容易使消费者产生一种便宜的错觉，利用消费者愿意购买便宜货的心理诱使他们购买。

③声望定价策略，即根据消费者对某些商品和商店的信任而采用的定价政策。有些商品和商店在长期市场经营中成为名牌商品和商店，在消费者心目中有了信誉，则这些商品和商店可采用比其他商品或商店稍高的价格，当然价格不宜高出很多，并且应以质量、服务和信誉作为保证，否则企业的声望会丧失。

2. 调整价格策略

产品价格由于受各种因素的影响，特别是随着市场需求、资源供应、竞争和成本的变化而需要经常变动和调整。价格的变动和调整可分为两个方面：一方面是主动变动调整，即由于客观情况发生了变化，企业感到必须提高或降低自己产品的价格，这样才有利于企业的经营活动；另一方面是被动变动调整，即由于市场环境变化所迫，其他经营者改变了经营策略，企业不得不调整自己产品的价格，以适应不断激化的市场竞争。价格调整策略通常有提价和降价两种情况。

（1）提价。提高价格会引起消费者和中间商的不满，增加他们的支出，但是企业为了减轻成本上涨的压力，或为了缓解因市场供不应求而带来的压力，或为了弥补通货膨胀、货币贬值所引起的产品价值的损失，就会采取提高价格的策略。企业提价时，应做好信息沟通工作，争取获得买方的理解，同时又要选择合适的时机和有效的方式，如公开真实成本、提高产品质量、增加单位价格产品实物数量等，使提价既能顺利进行，又不影响产品在市场上的销售量。

（2）降价。降低价格会产生一些消极影响，容易使消费者或中间商对企业的产品质量和企业信誉产生疑虑。但是企业为了缓解由于生产能力过剩或市场收缩所造成的产品积压的压力，或为了适应价格竞争、避免市场份额的减少，或为了体现成本降低后，企业控制市场的努力等，企业就有必要降低价格。

企业一般在市场营销活动中很少采用降低价格的策略，因为降低价格有损于企业的经营收益，但是高新技术产业的产品一般经常采用降低产品价格的方法或者间接降价的方法，即维持产品的原有价格，但实际价格通过增加产品的附加价值、馈赠物品、提高产品质量和增大各种折扣的比例等手段降低。企业在不宜采用直接降价方式或直接降价不能实现目的时，可选择适当的间接降价方式。

三、营销渠道基本策略

（一）营销渠道的概念

营销渠道也称为销售渠道、分配渠道或分销渠道，是指产品或服务的所有权顺利从生产者到消费者手中所经过的所有企业或个人。

产品从企业生产出来后，只有通过一定形式的流通渠道，才能进入流通领域，在市场上销售出去，成为令消费者或用户满意的商品。在这个流通过程中，生产者是分销渠道的起点，消费者或用户是分销渠道的终点，中间商，如批发商、零售商、代理商是营销渠道的中间环节。

（二）影响营销渠道选择的因素

1. 产品

一般来说，产品的价格越低，销售渠道就越长，反之则短。式样或款式变化快、时尚性较强的产品，应尽量缩短销售路径，由生产者直接供给零售商，或由生产企业自己设立商业网点，快产快销，避免积压。体积和重量小，便于运输和储藏的产品，可选择较长的销售渠道，以求扩大销售范围；体积和重量过大的产品，就选择较短的销售渠道。

出售技术性强的耐用消费品和技术复杂，要求提供售前、售后服务的工业品时，多采用直接销售等较短的销售渠道，以便提供指导与维修服务。产品的有效使用期或保质期短的，易于腐烂变质的，如蔬菜、肉、水果等，或者易毁损的产品，如玻璃制品等，宜缩短销售渠道，快速直接送到消费者或用户手中。定制品因为特殊的规格、要求，一般需要生产者与用户或消费者直接打交道，不宜经过中间商销售。标准品则有统一的规格和技术要求，一般可经过中间商进行销售。

2. 市场

市场范围广的产品，一般需要采用销售面广的渠道，较多依靠批发商和零售商。市场范围较窄的产品，则采用短渠道。

消费者订单数量的大小，往往影响销售渠道的选择。每次销售批量较大的商品，应采用短渠道；每次销售批量小的商品，则应用长渠道。

有季节性的商品，常需批发商提供储存服务，宜选择较长的销售路线，发挥中间商的作用。在选择渠道时，应注意研究同类竞争产品的销售渠道，生产企业应尽量采用与竞争者相同的销售渠道推销产品，不宜随意开辟新渠道，因为新渠道可能没有消费人群，而且费用大，有可能会得不偿失。

3. 企业自身

企业的声誉好，资金雄厚，则对销售渠道有较大的选择权，甚至可以建立自己的销售机构，完全不依赖中间商，反之，企业依靠中间商的程度就大。企业如果在市场销售方面的能力较强，可以自己销售，否则应考虑选择中间商进行销售。

企业提供的服务越多，越能引起中间商销售其产品的兴趣。如果企业愿意为最终用户和消费者提供服务，可采用直接销售渠道。如果企业愿意为零售商或批发商等提供服务，可采用间接销售渠道。

4. 中间商

批发商是介于生产者和零售商之间的中间商，处于调节生产和消费在商品数量、品种上所存在差异的环节。绝大多数农产品和工业品需要经过批发商，以使分散生产的产品化零为整，然后再化整为零，供应给零售商，最终卖给消费者和用户。因此，企业要根据产品特点和自身条件做出是否选择该批发商的决策。

零售商是使商品最终与消费者和用户直接见面的中间商。该环节在商品销售工作中，特别是消费品的销售中，具有极为重要的作用。零售商的优劣往往直接影响企业营销渠道选择的成败，也是影响渠道长短的重要因素。

（三）选择营销渠道的策略

在综合分析了营销渠道的结构和影响渠道选择的各种因素的基础上，就要进一步研究建立和选择营销渠道的基本策略。建立和选择营销渠道，主要是在下述方面做出决策。

对于所销售的商品，决定采用长渠道还是短渠道。销售渠道越短，生产者保留的商业责任越多。但销售渠道短，企业容易控制产品的零售价格，有利于进行宣传和提供各种服务，提高企业的声誉；销售渠道、流通环节多，必然导致流通速度慢，流通成本高，因而价格也高，会影响企业的声誉和经济效益。因此，企业必须根据具体情况来决定企业应采用长渠道策略还是短渠道策略。

决定采用宽渠道还是窄渠道，即选择多少中间商。在这方面有三种策略可供选择。

一是密集性营销渠道策略，即企业利用众多的中间商将商品分配到每一个合适的分销处的策略。这种渠道策略适用于廉价、易耗、挑选性低、易存储，且为每个家庭或个人必需的日常消费品。采用这种策略时，一般由生产企业承担促销费用。

二是选择性营销渠道策略，即企业在市场上选择一部分中间商来经销自己产品的策略。这种策略适用于所有商品，但相对来说，这一策略对选择性较强的消费品、专用性较强的零配件和技术服务要求较高的商品更为合适。选择性营销渠道花费的流通费用一般低于广泛性的销售渠道。

三是专营性营销渠道策略，即生产企业在特定的市场内仅选一家批发商或零售商经销其产品的策略。采用这一渠道策略的产品，主要是具有特殊消费性能或可满足消费群体商品，抑或价格十分贵的商品和大部分工业品。采用这一策略对生产企业来说，优点是容易控制市场和价格，降低流通费用；缺点是有时出现销售力量不足的情况，从而失去许多用户和消费者，影响销售量，同时只依赖一家经销商，万一因某种原因必须更换时，可能在短期内完全失去该区域市场。

（四）营销渠道的组织与管理

1. 成员的选择

渠道成员的选择不仅影响到企业分销效率和分销成本，还影响到企业在消费者心目中的品牌形象和产品定位。渠道成员选择一般要遵循实力优先、业态对路、形象吻合和文化认同的原则。

2. 成员的评价

对渠道成员进行绩效评估是为了及时了解中间商的履约情况，肯定并鼓励先进的中间商，鞭策后进的中间商。通过检查，发现问题、分析出现问题的原因并采取相应的改进措施。对渠道成员的绩效评估标准有销售额和销售增长率、平均存货水平、交货速度、对消费者服务的表现等。

四、促销基本策略

（一）促销的概念

促销是促进销售的简称，是指企业运用各种手段，沟通生产者与消费者之间的生产和消费信息，掌握消费者的需求和偏好，激发其购买欲望和兴趣，满足消费者的需要，达到推销商品、劳务或品牌形象，推动消费者购买行为发生的一种营销活动。

促销要以满足消费者需要为前提，而不是简单地向消费者推销商品。促销的实质是传递信息，在生产者、经营者和消费者之间沟通信息，从而掌握消费者的需求和偏好。促销的目的是激发消费者的购买欲望和兴趣，最后促成其购买行为。

（二）人员推销策略

人员推销是指企业派出推销人员或委派专门推销机构，直接与消费者和用户接触、洽谈、宣传介绍商品和劳务，以实现销售目的的活动过程。

推销人员的主要任务有探寻市场、传递信息、销售产品、收集情报，以及开展售前、售中、售后服务。推销人员的工作一般包括寻找消费人群、事前准备、约见、谈判、成交和售后跟踪。

（三）广告策略

1. 广告的概念

广告是由明确的发起者以付费的、非人员的方式，通过各种媒体对观念、产品或服务等进行促销。广告的作用主要有传播信息、引导消费、活跃经济等。

2. 广告的目标

广告活动的总目标是激发用户和消费者的兴趣和购买欲望，促进销售，增加盈利。但任何广告都需要有具体的目标。广告的具体目标很多，归纳起来有以下三种。

一是以介绍为目标。企业需要打开产品销路或需要开辟新市场时，其广告目标是介绍性质的，在广告内容中说明产品类型、性能、企业名称等，使潜在的消费者了解本企业的产品。这种广告着重于扩大覆盖面，以使尽可能多的人接收到有关的信息。

二是以提高产品和企业信誉为目标。企业如欲加强宣传、扩大销售范围，其广告要以宣传本企业的信誉和产品的名称方面的内容为主。这类广告属竞争性的，目的在于使消费者建立起对品牌的偏好，留住老用户，争取新用户。

三是以提醒为目标。对于已在市场上畅销的商品和有季节性销售特征的商品，企业可以通过广告的形式提醒消费者和用户购买。

3. 广告的类别

广告媒体的种类很多，归纳起来主要有报纸广告、书刊广告、广播广告、电视广告、户外广告、网络广告等。

（四）营业推广策略

1. 营业推广的概念

营业推广又称销售促进，是指人员推销、广告和公共关系以外的，在一个较大的目标市场中，为了刺激需求而采取的能够迅速产生刺激作用的促销措施。营业推广多用于一定时期、一定任务的短期特别推销。

2. 营业推广的分类

营业推广可分为对消费者的营业推广、对中间商的营业推广和对推销人员的营业推广三种形式。

对消费者的营业推广，具体方法主要包括赠送样品或试用样品、有奖销售、产品陈列和演示促销、开办“分期付款”业务、折扣和减价、附带廉价品等。

对中间商的营业推广，具体方法主要包括订货会、批量进货优惠、推广津贴、协助经营、销售竞赛等。

对推销人员的营业推广，具体方法是推销竞赛、工资奖金与销售额挂钩和精神奖励等方法，以调动推销人员的积极性。

（五）公共关系策略

1. 公共关系的概念

公共关系简称公关，是指企业通过各种传播媒体，提供有说服力的材料，使企业与公众之间相互沟通了解，树立起企业良好的形象和声誉，唤起公众的好感、兴趣和信赖的目的，从而为企业销售提供一个良好的外部活动环境的种种努力。

2. 公共关系的分类

企业开展公共关系的活动方式与企业规模、活动范围、产品类别、市场性质等密切相关，常见的方式主要有以下几种。

一是新闻媒介传播，其内容涉及范围广、影响大、说服力强，能引导舆论。企业应该密切与新闻界的关系，及时向新闻媒介提供有新闻价值的信息，引起公众对企业、产品或服务的注意。

二是赞助和支持公益活动，如赞助相关活动、捐献资金等，企业可从中获得特殊利益。

三是企业可通过举办新闻发布会、展销会、看样订货会、博览会等社会活动，向公众进行市场宣传。

四是编制介绍企业历史、企业产品、企业领导以及企业经营现状等内容的宣传品，传播企业和产品信息，树立企业形象。

第五节　电子商务与网络营销

电子商务市场不断扩大，为网络营销模式的发展与创新提供了更多机会。尤其是网络技术在社会上被全面普及，电子商务发展逐渐多元化，网络经济下的网络营销模式的优越性与竞争性逐渐凸显出来。当前网络营销模式打破了传统营销模式，营销理念与营销手段等都在与时俱进，特别是网络营销模式在电子商务环境下的发展逐渐成熟，在很大程度上帮助企业构建了生产、采购、销售整体化经营模式。

一、电子商务的优点

电子商务的发展为市场新格局的形成奠定了基础。所谓电子商务，主要是以计算机技术、网络技术为主展开的各种商务活动，其涉及范围非常广，服务、货物销售等类型众多。电子商务注重网络环境的变化，结合网络环境寻找贸易发展机会，并且将贸易过程电子化。总体来讲，电子商务是计算机技术发展的产物，将先进的计算机技术与现代商业发展有效结合，是综合性的发展类型。[①] 电子商务在市场中的应用，商务是关键，其在很多方面为市场发展、企业发展带来了更多帮助。

（一）降低经营成本

电子商务环境下，企业之间的交易通过专业平台进行，在很大程度上帮助企业节省了各种经营费用，降低了经营销售成本。

电子商务环境下的营销模式以网络营销模式为主，网络营销并没有实体商店，同时为企业销售争取了更大的活动空间，不需要过多的销售人员推销商品，减少了实体店铺费用，同时能够保证随时为消费者提供服务，无形中提高了企业的知名度，并且能够随时保持非常高的销售量，以网页形式将所有商品进行介绍与发布，消费者了解商品更加便捷，信息反馈更及时，还能够随时实现零库存，满足市场商品销售需求的同时，也帮助企业节省了更多成本，使企业的流动资金更为充足。

（二）购买过程方便

实体店铺的经营，消费者购买商品必须亲自到实体店中，但是在电子商务环境下，网络营销模式逐渐成为主流，消费者不需要亲自到店中了解，仅需要通过网页方式搜索自己需要的商品，为消费者节省了大量时间，同时也帮助企业突破了现实中店铺时间、空间的限制。电子商务利用互联网技术，构建虚拟贸易环境，实现企业的全球化交易，不仅在很大程度上为企业销售节省了更多空间与时间，也提高了商务经营质量，打破了区域限制，实现了全球贸易。客户不需要担心地域、时间等的限制，可以选择自己中意的销售区域购买商品。[②]

不仅如此，很多稀有商品在电子商务环境下也能够进行网络交易，客户

① 张黔怡．电子商务环境下农产品网络营销的策略研究 [J]. 中外企业家，2018（4）：24-25.

② 冯居君．电子商务环境下农产品网络销售的变迁及创新思路 [J]. 乡村科技，2018（6）：119-120.

可以随时随地查询货物物流情况，多元化选择提高了消费体验。在电子商务环境下，企业消费者客都能够在销售与消费中有所收获。

（三）支付手段安全

电子商务发展渐趋成熟，此间其安全性与保障性也在不断提升。利用计算机技术手段，在电子商务系统中增添安全交易检测功能，并且制定安全电子交易协议，确保企业经营销售安全的同时，保证消费者的财产安全。对于电子商务消费者，安全问题是第一考虑因素，对此，电子商务积极提出 SSL（安全套接层）协议，并且制定严格的交易标准，针对支付交易，加入加密机制、防火墙系统、分布式安全管理以及签名机制等，进一步提高电子商务支付手段的安全性与可靠性。

（四）商品营销高度集成

电子商务帮助企业进一步实现了商品销售的高度集成。电子商务利用计算机技术，整合网络通信设备，对商品销售与交易等进行集中管理，这使消费者的消费体验明显提升。

企业事务处理速度加快，处理流程统一，有效融合人工、电子信息处理等手段，服务效率明显提升。特别是企业通过网络接收到消费者提供的需求信息，系统自动将订单类型归类，服务器及时将消费者信息输入数据库中，通过对数据信息的分析整理，寻找最佳营销突破点，真正实现交互式的销售。对于企业来讲，通过消费者反馈，及时反思自己产品的不足，不断改进优化，减少企业营销中不必要的环节，消费者与生产厂家之间的联系更加紧密，相互合作更为理想，企业的营销水平得到提升。

二、网络营销的发展现状

网络营销发展在电子商务环境下遇到更多新的机遇。国家对网络营销发展极为重视，2018 年 12 月 22 日，第四届中国网络营销行业大会召开，主办方为中国网络营销行业大会组委会，大会内容涵盖了营销、运营、推广、社群、微商、新媒体、自媒体、短视频等领域。大会吸引了来自美国、新加坡、法国、柬埔寨、北京、深圳、上海、天津、石家庄、成都、福建、杭州、郑州、济南、西安、苏州、武汉、长沙、昆明、贵阳等全球各个国家和地区的营销专家、教授、营销高手等近千名营销从业者和爱好者参会。网络营销的发展帮助很多企业突破营销“瓶颈”，解决了营销困难，并且提高了引流效率，进一步帮助企业实现预期销售目标。

（一）营销量持续增长

作为电子商务核心环节，网络营销模式是网络技术的重要研究成果。企业生产、销售等都受到网络营销的影响而不断调整，并且为企业发展带来更多商机。商品与服务有效结合，通过多媒体手段，企业将其推销给全世界。消费者通过互联网找到自己需要的商品网页，虽然不能看到商品实体，但是通过商品介绍以及其他消费者的评价，可以更全面地了解自己所需要的商品的品质，详细了解之后再决定是否购买商品，不仅节省了消费者到实体店中寻找商品的时间，还在很大程度上降低了购买成本。

网络营销模式一经推广便迅速成为消费者喜爱的消费模式。电子商务环境下，数据库技术的应用，帮助企业更准确地统计网络销售数据，从很多方面将电子商务业务加以延伸，逐渐形成采购、销售、管理、售后等一系列活动。

（二）互联网技术日渐成熟

网络营销主要基于电子商务环境的支持与互联网技术的应用，科学技术水平发展迅速，互联网技术使网络营销模式得以运行，同时网络安全技术、信息认证技术、加密处理技术以及密钥管理技术等的提出和运用提高了网络营销的安全性与消费者信息的安全性。消费者对网络营销信任度的提高，可以使商品的营销以及售后服务等具有更高的安全性与效率。当前电子现金、借记卡、App、电子支票、智能卡、电子钱包等工具的应用率不断提升，网络消费者对网络安全的信任度不断提升，网络营销中遇到的各种问题得到有效解决。[①] 网络营销积极引入CA认证体系，使支付手段实现全面电子化，同时网络营销在市场发展中的调控功能也在逐渐增强，在信任度、安全性、可靠性提高的基础上，网络营销模式的发展空间更加广阔。

（三）消费主动性提高

相较之前的网络营销模式，电子商务背景下的网络营销模式有了进一步创新，消费者的消费主动性明显提高，消费者一改被动接收产品的局面，对商品的要求更加严格，同时更倾向于选择个性化、品质好的产品。网络营销

① 张娜．电子商务环境下商业市场营销模式探讨[J]．黑河学院学报，2018（2）：60-62.

在很大程度上针对消费者需求提供个性化服务，改善与消费者之间的关系，以优秀的品质与服务培养消费者忠诚度，进而提高网络销售利润。

三、网络营销的创新

（一）4C 理念的提出

对于 4C 理念，即 Customer（顾客）、Cost（成本）、Convenience（便利）和 Communication（沟通）消费理念的提出与实施，结合网络营销实际情况与发展趋势，从四个角度出发加以创新优化。

从消费者角度去分析网络营销模式的创新，将其与传统营销模式进行对比，充分发挥网络营销中互联网的价值。互联网为企业与消费者提供了双向沟通的便捷渠道，可以帮助企业更好地了解消费者需求，并且针对消费者需求制订与之相符的商品销售计划，优化产品生产、设计、销售结构。电子商务环境下网络营销模式创新，基于消费者需求，创建垂直型网站，提高网站专业性，在产品设计中有效结合消费者喜好，为消费者提供更多令其满意的产品，与此同时，企业还能够结合消费者消费倾向，对产品特性不断升级优化，利用良好的营销策略为网络营销奠定基础。

网络营销 4C 模式的应用，其成本不仅包含生产成本，还包括消费者购买商品期间所产生的搜索成本。网络营销成本的有效控制与调整，可以在很大程度上将消费者购买商品期间所产生的搜索成本降低，并且可以节省更多搜索时间，便于消费者进行商品对比，迅速选择心仪的产品。为了消除消费者在网络购物中所产生的风险的担忧，在网络营销模式优化期间，需结合产品的定价、产品的成本以及产品的属性，积极从网购风险角度出发，提供更多的保险服务，如承担运费、承诺非正品退货、为消费者提供运费险等，并且还要做好售后服务工作，尽量做到随叫随到。

网络营销在很多方面为消费者节省了时间，保证消费者随时随地完成消费。网络营销模式创新为消费者提供了更多便利条件，尤其是生活节奏加快，人们忙于工作，空闲的时间越来越少，所以消费者更倾向于网络购物。网络营销从售前、售中到售后，都必须要为消费者提供高质量服务。确保消费者在售后环节也能获得良好的购物体验，这样才能提高消费者对网络营销的满意度，同时培养消费者对网络消费的忠诚度。企业在网络营销中，对消费者提出的问题需耐心解答，即便消费者产生负面情绪，也要能够妥善处理。为满足消费者便利购物需求，坚持保持网络营销与便利性服务定位准、形象好、实力强、体验好、成本低以及营销广的优势。

从沟通角度分析网络营销，需注重网络营销行为与商品品质，同时积极与消费者建立促销、购物、售后等循环沟通模式，积极向消费者宣传产品，为消费者详细讲解产品特点，帮助消费者选择最适合的产品类型，特别是网络营销环节、商品设计、销售以及售后服务等，必须做好差异化处理，利用良好的沟通与消费者建立稳固的营销关系，为企业积攒更多消费人群资源。

（二）推行精准营销模式

精准营销模式的推行，对于网络营销模式创新非常关键。尤其是网络营销模式是企业与消费者建立良好关系的桥梁，其不仅是简单的营销活动，更是多元化沟通的平台。精准营销模式的提出与实施，首先需要对网络营销进行精准定位，以此为前提，打造网络营销个性化服务与沟通体系，帮助企业在合理控制生产与销售成本的同时，加强与消费者的沟通。其次需要企业在营销沟通上加强投资，准确衡量消费者与企业之间的关系，制订更全面、更具体、更具有针对性的网络营销传播与服务计划，做到任何时候都能够与消费者直接沟通，销售问题马上解决。精准营销将全新的网络技术融入网络营销中，时刻观察与注意消费者在浏览器上搜索信息的类型，以了解消费者的消费兴趣，通过网络营销方式尽力满足消费者需要，在最适当的时间，选择最恰当的方式，以最合适的价格，为消费者提供最合适的产品。

（三）搜索引擎营销模式

搜索引擎营销模式主要是通过对引擎搜索习惯的分析，了解消费者搜索习惯，通过技术手段将营销关键词向前挂靠，以引擎的方式引导消费者点击商品介绍内容、了解商品属性，拓展商品推销的途径。利用网络搜索模式，将商品按照属性进行目录分类，及时推出关键词，利用关键词排名的方式来确定消费者对商品的忠诚度。搜索引擎技术的发展，加上收费登录分类目录等模式的运行，由此来分析消费者的消费倾向。

API（应用程序编程接口）数据的开放，公司搜索引擎工具的应用，通过广告等营销手段，增加知名度，并且提升信任度，充分发挥搜索引擎的引导价值。虽然现在很多企业将网络营销、传统营销、搜索引擎等进行区分经营管理，但是对搜索引擎营销手段却十分重视，不断从技术上进行创新，构建全方面服务体系，引导网络营销进入搜索引擎市场。

四、电子商务与网络营销的注意事项

（一）注重品牌形象

品牌形象的塑造对网络营销模式来讲至关重要，尤其是在电子商务背景下，品牌形象的塑造是促进网络营销的关键所在。网络营销必须在消费者依赖与信任的情况下才能实现，消费者对网络营销的信任取决于营销产品的质量，因此提高网络营销产品质量，对获得消费者的信任，树立良好形象至关重要。企业进一步对网络营销形象信息进行宣传，让更多消费者了解与认识，从而促进网络营销的发展。

（二）注意产品设计

网络营销产品设计也是主要的注意事项，以科学、形象的产品设计，将网络营销产品全面展现给消费者，同时用独特的产品设计吸引消费者的眼球，这对网络营销来讲非常关键，也是网络营销的重要策略。网络营销产品设计，离不开计算机技术，如橱柜设计需要将橱柜的立体形象展现出来，需要借助计算机技术的调整与处理，让消费者能够通过橱柜产品设计，产生观看橱柜展示的效果。在网络营销产品中融入更多个性化元素，激起消费者对产品的购买欲望，满足消费者对产品的需求，这样一来，网络营销销量将会不断提升。

（三）注重稳定客户源

消费群体是网络营销的重中之重，消费群体为网络营销带来更高销量，稳定网络营销消费群体，为网络营销发展积蓄更多力量。网络营销期间，商家必须全面了解消费者需求，同时还要掌握消费者信息，针对消费者信息展开分类处理，通过各种细节提高营销质量与商品销售的准确度。与此同时，结合产品包装、经营理念的融合与创新，吸引更多消费人群，从销售细节对网络营销进行优化，当然还需要注重网络营销创新，为网络营销未来发展创造良好的条件。

电子商务环境下，网络营销遇到很多发展机遇，不管是营销手段还是营销模式都在持续创新，企业打造全面的营销体系，稳定消费人群，提高消费者信任度，为网络营销工作的顺利开展创造良好的机会。

第四章　现代企业人力资源管理

对于企业而言，人力资源管理工作至关重要，可以为企业未来可持续发展做出巨大贡献。在进行管理的过程中，重点是关注发掘、培养和使用人才。企业要想做好人力资源管理工作，就要对人力资源管理投入足够的注意力，完善人力资源管理制度，注重员工培训工作，以促进企业良好发展。

第一节　企业人力资源管理概述

一、人力资源管理的必要性

人力资源管理在某种程度上可以称为劳动资源的总体。对于企业来说，人力资源管理是企业从生产到销售的全部过程中，对企业所提供的人力的管理。企业可以利用合理的人力资源管理模式来激发员工的工作热情和提高员工的工作积极性，达到提高企业收益的目标。企业的人力资源管理工作要更加贴近员工生活，关心员工，帮助员工解决工作和生活中的难题，减轻员工负担，为员工营造良好的工作环境，以实现企业效益。在企业的发展中，人力资源管理的必要性和重要性是众所周知的，只有提升管理能力，企业才能更好地发展。

二、人力资源管理的目的

（一）优化资源配置

企业要想实现长期可持续发展，就要进行资源配置的优化。企业的主要资源包括物质资源、人力资源、资金等，需要企业依据实际情况加以管理。在企业的管理过程中，要充分发挥人力资源的作用，确保人力资源在企业管理中的重要地位。企业间的竞争本质上是人才竞争，企业要优化人力资源配置，确保人力资源管理工作更加完善，以促进企业未来更好地发展。

（二）提升企业核心竞争力

从目前发展情况来看，企业间的竞争逐渐激化，人力资源管理要发挥其在企业中的作用，力求推动企业高效发展。企业要根据自身实际情况，采用有效的措施将企业所面临的压力转化为动力，以提升企业的内在发展动力，更好地适应市场需求。企业发展的目的主要是提升经济效益，而人力资源管理是实现这一目标的前提和基础，利于企业核心竞争力的提高。

（三）完善企业管理体系

企业为确保未来的发展，要形成完善的管理体系。管理体系是整个企业的核心内容，可以提升企业整体竞争力，因此企业管理的重要性越发凸显。人力资源管理可以帮助企业提升发展速度，紧跟社会发展的脚步。人力资源管理是企业的重点和基础，只有加强人力资源管理才能提振企业动力，促进企业的发展。

三、企业人力资源管理存在的弊端

（一）缺少专业的管理人才

目前不少企业开始注重人才的培养，采用多种方式来培养企业内部人才，并引进外来人才。但是，尽管我国人力资源较为丰富，却仍然缺少专业性强、素质高的人力资源管理人才，导致企业所招聘的人才不能满足要求，出现人力资源管理部门工作人员业务能力、服务能力平平的情况，对未来的人才储备产生消极影响。

（二）缺少有效的考核体系

部分企业的人力资源管理模式相对较为陈旧，仍然采用原有的管理制度，没有合理地评判人力资源管理部门工作人员的工作能力。在企业的经营管理理念不断完善的背景下，更多的企业在人力资源管理中开始实行激励的管理制度。但是，目前我国企业的奖惩、激励、考核制度普遍存在不合理之处，无法完全落实评价制度，导致最终的制度实施效果平平。还有部分企业在产品生产中只注重给予员工物质奖励，而对精神奖励有所忽视，出现员工职业和精神需求得不到满足的情况。企业的人才逐渐流失，甚至引发劳动纠纷。

（三）缺少完善的管理制度

为确保企业人力资源管理活动有序进行，需要有科学、完善的制度作为保障。但是，目前较多企业的人力资源管理机制都不够健全，存在管理制度不科学的问题，企业最终的招聘和培训工作都很难得到有效开展。有些企业的人力资源管理很随意，企业领导对待员工有着浓烈的个人感情色彩，出现处理问题不公平的情况，导致员工对企业存在不满心理，损害企业凝聚力。如果不加以改善，企业员工的工作热情和积极性将会受到影响，会出现核心人才外流的情况，对企业的稳定发展造成不利影响。

在目前企业的人力资源管理中，也常常会出现管理模式不科学的情况。人力资源管理关乎员工个人的利益及企业整体的效益，为保证企业和员工都能够获得较高的收益，就要创建高效的人力资源管理模式。

四、企业人力资源管理的优化

（一）建立完备的员工绩效考核体系

企业要充分激发员工的工作热情和积极性，建立科学、合理的绩效评估管理机制，以提高企业的生产率。企业要根据自身的生产目标和生产工艺特点，来对员工进行考核，并根据员工的业务水平、工作能力、个性特点等对其进行全面的考核和评估。考核员工处理问题和特殊事件的能力，并得到完整的评估数据，确保考核工作的公平、科学。多角度考核员工，确保考核制度能够在企业中顺利落实，以保证企业长期发展。

（二）注重信息技术的应用

伴随信息化时代的到来，企业的生产和经营模式都发生了很大的变化。企业在人力资源管理过程中，要利用计算机技术构建良好的管理平台，以对人才信息进行检索，帮助企业优化人才引进制度，加大人才引进力度。还可以利用计算机管理信息系统对人力资源管理进行定位，重点培养并引进企业所需人才，增强企业员工与人力资源管理部门的沟通与交流，有效地提升人力资源管理效率，促使人力资源管理工作高质量、专业、科学的开展。

（三）加强人才培养

人力资源是现代企业行业竞争中的重要项目，对企业竞争环境适应力的增强及其良好发展都有着无可企及的现实作用。不仅如此，在企业人力资源管理环节中，培训是企业所有工作的重中之重，也是人力资源培养和储备的关键流程。所以，企业在相关工作中，必须要加大对培训模式优化升级的重视程度，根据现有人员的发展需求和企业所提出的人才专业素养标准，进一步健全培训体制，强化培训成效，促进企业主体人员核心素养的提高和职业技能的全面增强。

（四）秉持“以人为本”的理念

不管企业处于怎样的发展阶段，“以人为本”都应成为企业管理所要充分秉持的基础理念，这样才能保证内部主体人员充分发挥主人翁精神，同时还可高效激发内部主体人员的工作热情和创新能力，保证企业理想经济目标的实现。

如今，企业主体人员的中心地位已得到确立，企业应当长期秉持“以人为本”的原则，进一步对主体人员进行关注，使主体人员面临的难题得到尽早发现和尽快解决。同时，应当对主体人员有足够的重视和信赖，发挥主体人员的创新力，激发主体人员的工作热情，保证主体人员在发展上的各方面正向需求得到满足，切实保证主体人员能够主动、全神贯注地开展工作，为企业持续稳定发展奠定基础。

总而言之，在国内经济向市场化方向发展的今天，信息技术得到了快速更新和升级。这就需要企业具有前瞻性，结合社会趋势，逐步创新发展策略，从而促进企业在行业竞争中保持高度的适应能力。而环境适应力的保持取决于人力资源的状态，企业应当加大对人力资源基础理论与技术创新的重视，切实保证内部主体人员都能够体现出过硬的核心素养和职业技能，从而为企业持续稳定发展提供人力资源上的保障。

第二节　企业人力资源引进与培养

一、企业人力资源引进

人力资源引进就是企业采取一些科学的方法寻找、吸引应聘者，并从中选出企业需要的人员，予以录用的过程。它包括征召、筛选和录用三个阶段。

人力资源引进主要在以下几种情况下进行：新组建一个企业；原有企业由于业务发展而人手不够；员工队伍结构不合理，在裁减多余人员的同时，需要及时补充短缺专业人才；企业内部由于原有员工的调任、离职、退休或死伤出现职位空缺。总之，人力资源部门需要不断吸收新生力量，为企业不断适应市场和发展需要提供可靠的人力资源保障。

（一）企业人力资源引进的原则

人力资源部门在引进人才时，只有遵循一定的原则，才能实现既定的引进目标。在引进人才的过程中，需遵循的原则有以下几个。

1. 公开招聘原则

公开招聘原则指招聘信息、招聘方法应公之于众。这样做不仅可以将录用工作置于公开监督之下，以防不正之风，还可以吸引大批的应聘者，从而有利于企业找到合适的人才。

2. 平等竞争原则

平等竞争原则指对所有应聘者一视同仁，不得人为地制造各种不平等的限制。要通过考核、竞争选拔人才，“赛马不相马”。以严格的标准、科学的方法对候选人进行测评，根据测评的结果确定人选，创造一个公平竞争的环境。这样既可以减少“相马”的主观局限性和片面性，选出真正优秀的人，又可激励其他员工积极向上。

3. 效率优先原则

效率优先原则即以尽可能少的招聘成本招聘到合适的人员。选择最适合的招聘渠道、考核手段，在保证任职人员质量的基础上节约招聘费用，避免长期职位空缺造成的损失。

4. 双向选择原则

双向选择原则是指企业根据职位说明书的要求自主地选择需要的员工，应聘者也可以根据自己的条件自主地选择职业。在招聘过程中，招聘者不能只一味地去选择，更要考虑所需人员的需求，创造吸引他们的条件，使他们愿意为企业工作。

（二）企业人力资源引进的过程

企业确定招聘结果有一个科学的过程，只有按照一定的程序进行招聘，才可能招到合适的人选，才能实现招聘目标。员工招聘的基本程序包括招聘决策、发布招聘信息、招聘测试、确定录用结果。只有重要岗位才需要经过以上四大步骤，普通岗位不需要经过以上步骤也可以完成招聘计划。

1. 招聘决策

招聘决策是指组织中的最高决策层做出关于如何填补空缺岗位的决定过程。在做招聘决策时需遵循以下步骤。首先，由用人部门提出部门申请。需要增加人员的部门负责人向人力资源开发管理部提出需要人员的人数、岗位、要求，并说明理由。其次，人力资源开发管理部进行复核。人力资源开发管理部到用人部门去核实是否一定要这么多人员，减少一些人员是否可以，并写出复核意见。最后，最高管理层做出决定。根据组织的不同情况，可以在总经理工作会议上决定，也可以在部门经理工作会议上决定。招聘决定应该在充分考虑申请和复核意见的基础上做出。

2. 发布招聘信息

一旦决定招聘后，就应发布招聘信息。发布招聘信息就是向可能应聘的人群传递组织将要招聘的信息。这一环节是一项十分重要的工作，直接关系到所招聘到人员的质量。发布招聘信息时应遵守及时原则和层次原则。发布招聘信息的渠道有报纸、杂志、电视、电台、布告和新闻发布会等。此外，还有随意传播的发布形式，是指有关部门或有关人员用口头的、非正式的方式发布招聘信息。其主要优点是几乎不用什么费用，可以进行双向交流，速度较快；其缺点则是覆盖面窄，一般只能在劳动力市场明显供大于求、招聘层次不是很高时选用这种形式。

3. 招聘测试

招聘测试是指在招聘过程中，运用各种科学方法和经验方法对应聘者加以客观鉴定的各种方法的总称。人与人之间是存在差异的，这种差异可以通过各种方法加以鉴定，这为招聘测试奠定了基础。

招聘测试有很多种，比较常用的有以下四种。

（1）心理测试。心理测试是指通过一系列的心理方法来测试应聘者的智力水平和个性方面差异的一种科学方法。

（2）知识考试。知识考试是指通过书面测试的形式，了解应聘者的知识广度、知识深度和知识结构的一种方法。

（3）情境模拟。情境模拟是指根据应聘者可能担任的职务，编制一套与该职务实际情况相似的测试项目，将应聘者安排在模拟的、逼真的工作环境中，要求应聘者处理遇到的各种实际问题，用多种方法来测试其心理素质、潜在能力的一系列方法。

（4）面试。面试是指要求应聘者用口头语言来回答面试者的提问，以便了解应聘者心理素质和潜在能力的测试方法。

4. 确定录用结果

确定录用结果是招聘过程的最后一环，也是最重要的一环。如果前三个步骤都做得很好，但是最终录用的决策错了，企业仍然招不到理想的员工。

（三）企业人力资源引进的方法

人力资源引进在进行证明材料以及履历资料审查与筛选后，要进行招聘测试，最后要确定招聘结果。目前常用的人力资源引进方法有以下四种。

1. 内部晋升

内部招聘是指由内部晋升来实现人力资源补充的招聘形式。这种形式的优点是企业可以任用自己很熟悉的员工，不必再花费很多精力去认识和了解新员工。此外，这些应聘者对企业的状况及空缺职位的性质都比较了解，也省去了适应岗位的过程。因此，内部招聘成为一种既经济又快速的人力资源引进方式。

2. 外部招聘

外部招聘是指面向企业外部征集应聘者以获取人力资源的过程。外部招聘是相对于内部招聘而言的，之所以选用外部招聘的方式，其原因有两点：首先，对于某些初等职位以及一些特定的高层职位来说，企业内部没有合适的人选；其次，外部招聘可以为企业带来新的思维模式和新的理念，有利于企业创新，如果仅仅采用内部招聘，久而久之会出现思维僵化等弊端，企业很难适应不断变化的市场要求。

3. 中介招聘

职业中介机构招聘是指委托专门从事职业介绍等工作的专业机构进行人员招聘。

4. 网络招聘

网络招聘就是企业通过公司自己的网站、第三方招聘网站等机构发布招聘信息来完成招聘的过程。随着互联网的迅猛发展，网上招聘在近几年发展很快，在有些企业，它甚至已经取代了传统的招聘形式，一跃成为企业的主要招聘形式。企业可以在网上公布招聘信息，并在线浏览求职者的信息。目前，国内从事网络招聘的专业网站有千余家，它们有自动搜索功能，提供优质服务，拥有良好的信誉。

二、企业人力资源培养

人力资源培养指的是员工培训与开发，是人力资源管理的重要组成部分，是提高组织运转绩效、使组织获取和增强竞争优势、维持组织有效运转的重要手段。在一般意义上，人力资源培养是指组织根据发展和业务需要，通过学习、训练等手段进行的旨在改变员工的价值观、工作态度和工作行为，提高员工的知识水平、业务技能并最终提高组织绩效等的有计划、有组织的培养和训练活动或过程。美国学者克雷曼（L. S. Kleiman）认为，培训与开发是教会工人们怎样去有效地完成其目前或未来工作的有计划的学习经历，培训与开发的实践旨在通过丰富雇员们的知识和技能去改进组织的绩效。①

人力资源培养包括培训和开发两个方面的内容。培训和开发在内涵上略有区别，分别有所侧重。一般认为，培训是为了提高员工的理论素养、知识

① 蔡世刚．企业管理[M]．西安：西安交通大学出版社，2017：160.

水平和业务操作技能，或改变员工的价值观、工作态度和工作行为，使他们在现在或未来的工作岗位上的工作表现达到组织的要求而进行的各种形式的教育与训练活动。培训主要集中于现在的工作，侧重于提高员工当前的工作绩效。而开发是指为员工未来发展或为员工将来的工作做准备而对员工开展的教育、在职实践和测评等活动。

（一）企业人力资源培养的重要意义

从根本上说，人是生产力诸要素中最活跃、最重要的因素。一个组织，大到国家，小到各企事业单位，其命运如何，归根结底取决于人员素质的高低。“市场竞争的实质在于人才的竞争”这一观点已广为人们所接受。因此，加强人力资源培养具有十分重要的意义。近年来，世界知名跨国公司都非常重视人力资源培养工作。20 世纪末和 21 世纪初，伴随世界经济的全球化、信息化、知识化和网络化时代的到来，以及与此相适应的市场竞争范围的日益扩大和竞争程度的日益加深，人力资源培养更是受到企业的广泛重视，并被普遍视为获取竞争优势的工具。具体来说，人力资源培养的重要意义体现在以下四个方面。

1. 提高员工综合素质和职业能力

员工作为企业人力资源的载体，是组织资源中弹性最大的因素，是企业生存与发展的根本。如果员工普遍具有较高的素质和极强的职业能力，那么员工就将成为组织的宝贵财富；如果员工素质低下，跟不上时代发展的要求，无法满足职业需要，那么就将成为无用资源，甚至成为组织的负担。通过员工的选拔、录用等方式固然可以为企业招聘到素质较高和职业能力较强的员工，但现代社会发展的一个重要趋势是新技术、新知识、新工艺、新产品层出不穷，特别是知识、技术的更新速度在近年明显加快，加之市场需求变化多端，市场竞争日趋激烈，这些都对员工的素质和职业能力提出了更高的要求，而人力资源培养则是企业解决这一问题的有效途径。

2. 有助于企业获得竞争优势

经济全球化和知识时代的到来，技术的日新月异，市场竞争的日趋激烈和市场需求的日益复杂多变，对企业等各类组织提出了前所未有的挑战。任何一个企业如果不具备较强的综合素质或特有的核心专长，将很难获得竞争优势甚至难以在市场上立足。由于人力资源在企业各类资源中所具有的独特地位，包括员工培训与开发在内的人力资源培养就显得比以往任何时候都更加重要。人力资源培养是提高员工素质与能力，发现人才、培养人才的重要途径。它可以使企业拥有更多高素质员工，进而拥有更多的人力资本，从而有效应对市场竞争，获得竞争优势，并最终赢得胜利。

3. 提高企业工作质量

企业的工作质量包括生产过程质量、产品质量、客户服务质量等。通过人力资源培养，员工可以明确自己的工作职责、任务和目标，丰富自己的知识，提高自己的技能，并具备与实现组织目标相适应的素质与业务技能及人际交往、沟通协调等其他能力，这样就可以有效地解决组织中“人”与“事”的矛盾，实现“人”与“事”的和谐发展；同时可以使员工适应在新的工作环境和业务流程下工作角色的转变，从而为整个组织工作质量的提高奠定坚实的人力基础。

4. 实现员工的个人价值

与传统的人事管理不同，现代人力资源管理把员工视为一种资源，以人为中心的管理，人本管理，尊重人、关心人等管理理念的提出和确立就是明显的例证。以人为中心的管理或人本管理思想，其核心就是企业在谋求整体利益、追求最佳绩效的同时，把员工个人的成长、员工自身价值的提高和员工个人的职业发展放在与组织利益同等重要的地位。从员工角度来看，在现代组织中，员工为企业工作的目的已不再停留在满足低层次需要上，绝大多数员工工作的目的在于追求高层次的需要，即自尊的需要和自我实现的需要的满足，实现自我价值。

人力资源培养能给员工不断提供学习和掌握新知识、新技能的机会，使其能适应新的工作岗位所提出的要求，能够跟上时代发展的步伐，实现自我成长，发挥自我价值。这不仅能使员工得到物质上的满足，还能使员工得到精神上的满足。

（二）企业人力资源培养的过程

人力资源培养是指一定的组织为开展业务及培育人才的需要，采用各种方式对员工进行有目的、有计划的培养和训练的管理活动，其目标是使员工不断地更新知识，拓展技能，端正态度，适应新的要求，更好地胜任现任工作或担任更高级别的职务，从而促进组织效率的提高和组织目标的实现。

1. 企业人力资源培养的形式

人力资源培养的形式包括入职培训、在职在岗培训、在职脱产培训和职业资格培训。

入职培训是指企业在新员工进入企业后所从事的提高新员工价值的人力资源管理活动。入职培训的主要目的是让员工尽快熟悉企业、适应环境，使任职者具备成为一名合格员工的基本条件。作为企业的一员，任职者必须具有该企业产品的知识，熟悉企业的规章制度。因此，入职培训又被称为上岗引导活动。在被录用的员工中，有相关工作经验者一般占相当大的比重，许多企业倾向聘用有一定工作经验的求职者。这些人尽管有一定的工作经验，但由于企业和具体工作的特点，仍需接受培训，除了要了解这个企业的概况、规章制度外，还必须熟悉这个企业的产品和技术开发的管理制度。入职培训的内容和目标是以企业的要求、岗位的任职条件为依据的。也就是说，这种培训是为了使新员工能够达到工作的基本要求，而较少考虑他们之间的具体差异。

在职在岗培训是指在工作中直接对员工进行培训，是通过聘请有经验的工人、管理人员或专职教师指导员工边学习边工作的培训方式。在职在岗培训是一种应用最普遍的培训方式，也是一种比较经济的方式。在职在岗培训不仅可以使员工获得完成工作所需要的技能，还可以传授给员工其他的技能，如如何解决问题、如何与其他员工沟通、如何处理人际关系等。在职在岗培训是人力资源培养的一种基本形式和工作重点，强调紧密结合职业特性，实行按需施教、急用先学的原则，按职务岗位需要进行培训，以确保劳动者上岗任职的资格和能力为出发点，使其达到本岗位要求，其实质是提高从业人员总体素质。

在职脱产培训是指为有选择地让部分员工在一段时间内离开原工作岗位而进行专门的业务学习的培训方式。其形式有开办技术训练班、开办员工业余学校、选送员工到正规院校或国外进修等。在职脱产培训的费用较高。随着企业人力资本投资比例的增加，企业对员工工作效率的日益重视，在职脱产培训在一些实力雄厚的大型企业和组织严密的机关事业单位中得到普遍采用。

职业资格培训是提高企业员工职业适应性和开放性的重要内容。企业性质决定了其培训活动首先要解决生产经营所面临的实际问题。许多职业或岗位需要通过考试取得相应资格证才能上岗，而且资格证有使用期限。资格证到期时，员工需接受培训并再次参加资格考试。

2. 企业人力资源培养的内容

人力资源培养的内容包括管理开发培训、专业职能培训、新员工导向培训和骨干员工技能培训，各种培训具体内容如下。

管理开发培训是一种计划和管理过程的总称，是企业为了提高其生产力和营利能力，确定和持续追踪高潜能员工，帮助企业成长和提高的项目。管理开发培训不仅是正式的培训项目和教育，还包括与企业内部和经理人员有关的许多政策和惯例，如在职培训、绩效评估、工作轮换、职业轨迹、管理继任和高潜能人员确认系统、特别项目以及职业发展咨询活动。管理开发是一个持续不断的过程，它从上至下渗透整个企业，对企业来说是一项战略性任务。

专业职能培训指对财务人员、工程技术人员等，围绕其业务范围进行本专业岗位的知识技能培训。在现代企业里，团队工作方式日益普遍，如果各类专业人员局限于自己的专业领域，彼此之间缺乏沟通与协调，必将妨碍团队的工作。培训的目的，首先是让他们互相了解彼此的工作，使他们能从整体出发开展工作；其次是让他们及时了解各自领域内的最新动态和最新技术，不断更新专业知识。

新员工导向培训是为对内外情况不熟悉的新员工指引方向，使之对新的工作环境、条件、人际关系、应尽职责、规章制度、组织期望有所了解，尽快融入组织而开展的一系列培训活动。新员工导向培训的内容主要有规章制度、企业概况、产品知识、行为规范和共同价值观。专业内容主要包括业务知识、技能和管理实务。新员工导向培训的意义有三点：第一，要让新员工感受到企业对他们的到来的重视；第二，要让他们对企业和他们即将从事的工作有较为详细的了解；第三，要让新员工对企业的发展前景与自己的成功机会产生深刻的认识。新员工导向培训的深层意义在于培养员工对企业的归属感，包括对组织从思想上、感情上及心理上产生认同感、依附感并投入其中，这些是培养员工对组织的责任感的基础。

骨干员工技能培训主要依据工作说明书和工作规范的要求，明确职业分工、操作规程、权责范围，掌握必要的工作技能，培养与企业相适应的工作态度与行为习惯，使之有效地完成本职工作。

（三）企业人力资源培养的原则

人力资源培养的原则是企业在培训过程中应遵循的基本指导思想和应坚

持的基本原则，这是提高培训绩效必须把握的。

1. 理论结合实际原则

培训必须强调理论与实际相统一的原则，在培训中要全面规划、学用一致，多采用“事例法”“演示法”“专题法”，并强调理论和实践及应用的结合。

2. 技能与文化相结合原则

要对全员进行技能培训与企业文化培训，既要对文化、专业技能方面进行培训，又要对理想、信念、价值观和道德观等方面进行培训，使企业员工不但技能符合企业发展的需要，而且思想与企业文化相吻合。

3. 技术培训与管理培训相结合原则

企业不仅要对员工进行专业技术培训，还要对员工进行管理知识培训，即进行一专多能培训，使企业员工不但懂技术，而且善管理，这样才能为企业做出最大的贡献。

4. 素质培训原则

要对全体员工进行素质培训，在提高全体员工技能水平与管理水平的前提下，对为企业做出贡献者，即业绩显著、潜质突出、有发展前途的后备接班人进行重点培训，使这批人的前途更加光明，为他们开辟更好的职业道路。此外，还要对培训进行严格考核。

（四）企业人力资源培养的方法

人力资源培养的方法有很多种，不同的培训类型往往需要采用不同的培训方法，主要有角色扮演法、案例培训法等。

1. 角色扮演法

角色扮演法是指设定一个最接近真实情况的培训环境，指定受训者扮演环境中的某一角色，借助对所扮演角色的演练来增强受训者对所扮演角色的感受，并培养和训练其解决问题的能力，如人际交往技能、解决冲突技能及推销技巧等。

实际上，角色扮演法就是给受训者提供一种具体的情境，然后给每个受训者一定的任务和角色让其扮演。在扮演过程中培训者随时对受训者加以指导，并在扮演结束后组织大家进行讨论，发表各自对某一扮演角色的看法，通过这样一个过程来增强受训者对角色的体会，进而达到培训的目的。对于受训者来说，要做好角色扮演的训练需要非常投入，并且所扮演的应该是充满活力的、能使自信心迅速增长的角色。角色扮演可以直接改变受训者对某一个具体职位或工作一贯的看法，也可以让受训者了解自身的某种行为可能带来的影响和后果。

角色扮演法的主要优点是它使受训者能够在一个比较安全的学习环境中练习某项工作技巧，教会人们如何在生活中交流自己的看法、经验和心得，并增进人们之间的情感，培养他们的合作精神。

2. 案例培训法

案例培训法是指围绕一定的培训目的，把实际中买卖的情境加以典型化处理，用书面的方式形成供受训者思考分析和判断决策的案例，通过受训者的独立研究和相互讨论的方式，来提高受训者分析问题和解决问题能力的一种方法。

案例培训法要遵循三个原则。第一，其内容是真实的，不允许虚构。为了保密，有关人名、单位名、地名可以改用假名，但基本情节不得虚构，有关数据可以乘以某掩饰系数加以放大或缩小，但相互间比例不能改变。第二，培训案例中应包含一定的管理问题，否则便没有学习研究的价值。第三，培训案例必须有明确的教学目的，它的编写与使用都是为某些既定的教学目的服务的。

案例培训法的主要功能不是让受训者掌握一项独特的技能，而是让受训者在自己探索并与其他受训者切磋怎样解决管理问题的过程中，总结出一套适合自己思维特点的思考问题与分析问题的逻辑和方法，学会如何独立地解决问题、做出决策。

案例培训法提供的情境是具体的、全方位的，人们的行为可以从多方面进行解释，很难存在一个最优答案，案例的培训者也不要对某种现象表达自己的赞成或反对的态度，以避免影响受训者的独立思考，削弱培训效果。

第三节　企业人力资源考核

绩效考核是企业运用科学方法对员工实际工作效果及其对企业的贡献或价值进行考核和评价的过程，是企业在既定的战略目标下，运用特定的标准和指标，对员工过去的工作行为及取得的工作业绩进行评估，并运用评估的结果对员工将来的工作行为和工作业绩进行正面引导的过程和方法。绩效考核是一项系统工程。

企业在制订发展规划、战略目标时，为了更好地完成这个目标，需要把目标分阶段分解到各部门，最终落实到每一位员工身上，也就是说，每个人都有任务。

一、企业人力资源考核的作用与原则

（一）考核的作用

绩效考核的作用体现在以下四个方面。

1. 完成目标

绩效考核本质上是一种过程管理，而不仅仅是对结果的考核。它是将中长期的目标分解成年度、季度、月度指标，不断督促员工实现、完成的过程，有效的绩效考核能帮助企业达成目标。

2. 发现问题

绩效考核是一个不断制订计划、执行计划、改进计划的循环过程，体现在整个绩效管理环节，包括绩效目标设定、绩效要求达成、绩效实施修正、绩效面谈、绩效改进、再确定目标的循环，这也是一个不断发现问题、改进问题的过程。

3. 利益分配

与利益不挂钩的考核是没有意义的，员工的工资一般会分为两个部分：固定工资和绩效工资。绩效工资的分配与员工的绩效考核得分息息相关，所以一说起考核，员工的第一反应往往是绩效工资的发放。

4. 提升能力

绩效考核的最终目的并不是单纯地进行利益分配，而是促进企业与员工的共同成长。通过考核发现问题，找到差距，进行提升，最后达到双赢的目的。绩效考核的应用重点在薪酬和绩效的结合上。薪酬与绩效在人力资源管理中是两个密不可分的环节。在设定薪酬时，一般已将薪酬分解为固定工资和绩效工资，绩效工资正是通过绩效予以体现，而员工绩效考核的结果也必须要体现在薪酬上，否则绩效和薪酬都失去了激励的作用。

（二）考核的原则

企业的绩效考核一定要做到公平、公开、公正，为达到这几点，必须遵循以下原则。

1. 目标清楚

对员工实行绩效考核的目的是让员工实现企业的目标和要求，所以目标一定要清晰。要什么，就考核员工什么。

2. 管理标准要量化

考核的标准一定要客观，量化是最客观的方式。很多时候企业的绩效考核不能推行到位，沦为走过场，都是因为标准太模糊，要求不量化。

3. 员工具有一定的职业化的素质

绩效考核的推行要求企业必须具备相应的文化底蕴，要求员工具备一定的职业化的素质。事实上，优秀的员工并不惧怕考核，甚至欢迎考核。

二、企业人力资源考核内容

考核分为工作业绩、工作能力、工作态度三大部分，不同部门和不同职位的员工，其考核权重也不同，各部门应根据各职位的要求来确定其权重。

可以应用绝对标准—绝对评价（绝对考核），即人与工作比较；也可以应用相对标准—相对评价（相对考核），即人与人比较。

（一）考核工作业绩

任务绩效与具体职务的工作内容或任务紧密相连，是对员工本职工作完成情况的体现，主要考核其任务绩效指标的完成情况；管理绩效主要针对行政管理类人员，考核其对部门或下属人员管理的情况；周边绩效与组织特征相关联，是对相关部门服务结果的体现。

（二）考核工作能力

工作能力分为专业技术能力与综合能力。

（三）考核工作态度

工作态度主要考核员工对待工作的态度和工作作风，对工作态度的考核可以从工作主动性、工作责任感、工作纪律性、协作性、考勤状况五个方面设定具体的考核标准。

三、企业人力资源考核步骤

企业的绩效考核应当分为六个具体的行动步骤组织实施。每两个步骤列为一个作业单元，在行动前精心组织操作培训和专项辅导，并进行必要的模拟演练。

（一）确定考核周期

依据企业经营管理的实际情况（包括管理形态、市场周期、销售周期和生产周期①）确定合适的考核周期，工作考核一般以月度为考核周期。每个周期进行一次例行的重点工作绩效考核。对需要跨周期才可能完成的工作，也应列入工作计划进行考核。可以实行时段与终端相结合的考核方法，在开展工作的考核周期考核工作的进展情况，在完成工作的考核周期考核工作的终端结果。

（二）制订工作规划

按照考核周期，作为考核对象的职能部门、业务机构和工作责任人，于周期初期编制所在部门或岗位的工作计划，对纳入考核的重点工作内容进行简要描述。每一项重点工作都要明确设置完成的时间指标和质效指标。同时，按照预先设定的计分要求，设置每一项重点工作的考核分值。必要时，附加实施重点工作的保障措施。周期工作计划应按照时间要求编制完成，并报送考核执行人确认，然后付诸实施。

① 生产周期：指产品从开始投产（包括给供应商下达订单的前置期或委外加工时间）至产出的全部时间。

（三）设置考核指标

绩效考核强调要求重点工作的开展和完成必须设置量效化指标，量化指标是数据指标，效化指标是成效指标。重点工作的量效化指标，反映了重点工作的效率要求和价值预期。另外，在实际工作中，并不是所有的工作结果或成效都可以用数据指标进行量化的，而效化指标则比较难设置和确定，需要一定的专业素质和及时的信息沟通。因此，考核执行人应会同考核对象，对重点工作的量效化指标进行认真校正并最终确定，保障重点工作的完成质效。

（四）调控考核过程

在管理运转中，存在并发生着不确定性因素，容易造成工作变数，考核也是如此。当工作的变化、进展和预置的计划发生冲突时，首先应该对变化的事物进行分析，准确识别变化的原因和走向，然后对工作计划和考核指标做出及时、适当的调整改进。

（五）验收工作效果

每个周期末，在设定的时间内，考核执行人依据预置或调整的周期工作计划，对考核对象的重点工作完成情况进行成效验收。按照每项工作设置的量效化指标和考核分值，逐项核实工作成效，逐项进行评分记分，累计计算考核对象该考核周期重点工作完成情况的实际得分，并就工作的绩效改进做出点评。

（六）应用考核结果

考核的目的是提高绩效、推进工作、提高效率。考核对象重点工作完成情况的实际得分即为考核结果。如何运用考核结果，会直接影响考核的激励作用的发挥。要切实结合企业管理资源的实际情况，充分考虑企业文化的负载能力，在这个基础上选择和确定考核结果的运用方法。在这里简述几种考核结果的运用方法。

一是考薪挂钩，就是考核结果与薪资收入并轨，按照考核得分，计算薪资实际收入。这个薪资可以是职能职务薪酬或岗位工资，也可以是独立设立的绩效工资，还可以是效益奖金。

二是考职挂钩，把考核结果与考核对象的职位挂钩。考核对象由于主观因素，在较长时间内不能按计划完成重点工作或者不适于承担所在岗位的工作职责，应合理地调整其岗位或职务，避免重点工作遭受损失。

三是信息整合，通过考核，可以反映、整合并有效利用多个方面的考核信息，如资源配置信息、岗位设置信息、管理损耗信息、工作问题信息和人才信息等。考核结果的信息运用，能够为企业的工作决策、管理运转和人才培养使用提供重要的信息支持。

四、企业人力资源考核方法

（一）排序法

1. 简单排序法

简单排序法也称序列法或序列评定法，即对一批考核对象按照一定标准排出先后的顺序。简单排序法的操作：第一步，拟定考核的项目；第二步，就每项内容对被考核人进行评定，并排出序列；第三步，把每个人各自考核项目的序数相加，得出各自的排序总分数与名次。

2. 交替排序法

交替排序法是一种较为常用的排序考核法。其原理是在群体中挑选出最好的或者最差的绩效表现者，这一方法较之于对其绩效进行绝对考核要简单易行得多。因此，交替排序的操作方法就是分别挑选、排列的“最好的”与“最差的”，然后挑选出“第二好的”与“第二差的”，这样依次进行，直到将所有的被考核人员排列完为止，从而以优劣排序作为绩效考核的结果。交替排序在操作时也可以使用绩效排序表。

（二）配对比较法

配对比较法是一种更为细致的通过排序来考核绩效水平的方法，它的特点是每一个考核要素都要进行人员间的两两比较和排序，使得在每一个考核要素下，每一个人都和其他所有人进行比较，所有被考核者在每一个要素下都获得了合理的排序。

（三）强制分配法

强制分配法是按预先规定的比例将被评价者分配到各个绩效类别上的方法。这种方法根据统计学正态分布原理进行，其特点是，两边的得最高分、最低分者很少，处于中间者居多。

（四）工作记录法

工作记录法又叫关键事件法，是一种通过员工的关键行为和行为结果来对其绩效水平进行考核的方法，一般由主管人员将其下属在工作中表现出来的非常优秀的行为事件或者非常糟糕的行为事件记录下来，然后在考核时点上（每季度或者每半年）与该员工进行一次面谈，根据记录共同讨论，对其绩效水平做出考核。工作记录法一般用于对生产工人所进行的操作性工作的考核。

（五）目标管理法

目标管理法是一种综合性的绩效管理方，由美国管理学大师彼得·德鲁克（Peter Drucker）提出。目标管理法是现代企业更多采用的方法，管理者通常强调利润、销售额和成本这些能带来成果的结果指标。在目标管理法下，每个员工都有若干具体的指标，这些指标是其工作成功开展的关键，它们的完成情况可以作为评价员工的依据。目标管理是一种领导者与下属之间的双向互动过程。彼得·德鲁克认为，并不是有了工作才有目标，恰恰相反，是有了目标才能确定具体工作。当组织最高层确定了组织目标后，必须对其进行有效合理的分解，将其转变为各部门以及每位员工的子目标，然后根据子目标完成情况对下级进行考核、评价、奖惩。

（六）360 度考核法

360 度考核法又称交叉考核、“360 度绩效反馈”或“全方位评估”，最早由被誉为“美国力量象征”的典范企业英特尔公司首先提出并加以实施。360 度绩效评估是指由员工自己、上司、直接部属、同事甚至顾客等来对个人的沟通技巧、人际关系、领导能力、行政能力等进行评定。这种方法将原本从上到下、由上司评定下属绩效的旧方法，转变为全方位 360 度交叉形式的绩效考核。通过这种理想的绩效评估，被评估者不仅可以从自己、上司、部属、同事甚至顾客处获得多种角度的反馈，也可从这些不同的反馈中清楚地知道自己的不足、长处与发展需求，使以后的职业发展道路更为顺畅。这种方法不仅是绩效评定的依据，更能从中发现问题，找出问题原因所在，并着手拟订改善工作计划。

第四节　企业人员薪酬管理

将欲取之，必固与之。员工为企业工作，期望自己的努力能够得到回报；企业为吸引、激励和留住有价值的员工，都需要一个合理适用的薪酬系统。薪酬是企业为员工提供的生活保障，是对员工劳动和贡献的补偿与奖励，是对员工价值的认同和需要的满足，更是把企业的战略目标和价值观转化成具体的行动以及支持员工实施这些行动的管理实践。

一、薪酬的概念

从广义来理解，薪酬是员工为企业付出的劳动的回报。员工在企业中工作所得到的回报包括企业支付给员工的工资和所有其他形式的奖励，其内容非常复杂。其中既包括以货币收入形式表现的外在报酬，也包括以非货币收入形式表现的内在报酬。这种内在报酬包括工作保障、身份标志、给员工更富有挑战性的工作、晋升、对员工突出工作成绩的承认、培训机会、弹性工作时间和优越的办公条件等。

人力资源管理把外在报酬作为员工薪酬体系研究的重点。从概念上讲，员工的外在报酬指的是由于就业关系的存在，员工从企业得到的各种形式的财务收益、服务和福利。通常意义上的薪酬指的是这种外在报酬，也就是狭义上的薪酬。它可以分为直接薪酬和间接薪酬。直接薪酬包括工资、奖金、津贴、补贴等，间接薪酬即指福利。

二、影响薪酬的因素

构建薪酬体系是企业的一项重要而复杂的工作，薪酬体系不仅要和企业内部的具体情况相吻合，还要适应企业外部环境的要求。而且薪酬体系不是一成不变的，尽管它在相对时间内具有稳定性，但随着时间的推移和客观环境的变化，薪酬体系必然存在需要完善和改进的地方。一般来说，影响企业薪酬体系的有内部因素和外部因素两个方面。

（一）影响薪酬的内部因素

影响薪酬的内部因素主要有企业实力、工作状况、员工特征和组织规模。

企业实力是薪酬体系设计和变动可能会遇到的硬性约束因素，它决定了企业用于薪酬分配，特别是货币性薪酬的总体水平，这种总量水平的限制决定了员工薪酬的构成和薪酬水平的变动区间。如果企业支付薪酬向管理人员倾斜，那么就会降低一般员工的薪酬水平。如果企业试图通过高薪酬水平使薪酬具有外部竞争力，那么也许可以吸引高素质的员工的加盟，还可以建立内部员工的自信心和自豪感，但势必会提高组织的成本，而且企业实力的制约也使薪酬制度改进没有较大的回旋余地。

工作状况是企业在考虑薪酬在不同工作间的差异时必须考虑的客观因素，企业主要依据工作要求、工作责任、工作条件和工作类别的差异对工作薪酬进行标准化，这无疑会给薪酬体系的设计和薪酬工作的可操作性与公平性带来便利。工作活动对组织的生存和发展有重大影响的一般薪酬水平较高，工作对技能和任职资格有特殊要求的薪酬水平也较高，工作条件差、比较危险的工作的薪酬体系中的补偿性的薪酬比例也会增大。

员工特征决定了不同员工的薪酬水平和薪酬体系的构成结构。这些员工特征主要有受教育程度、年龄构成、资历、发展潜力、特定人力资源的稀缺性等。例如，处于不同年龄层次的员工对薪酬的需求也是不同的，青年员工一般关注货币性收入，以满足生活消费的需要，中年员工比较重视晋升发展的机会和外在的非货币性薪酬，以满足地位与成就的需要。

组织规模也会造成员工薪酬等级的差别，规模较小的企业不必将员工的薪酬划分为许多等级，因为这样比较容易了解员工的需求，能方便地设计出有针对性的薪酬方案。相反，规模较大的企业的薪酬等级较多，员工的复杂程度也较高，所以薪酬体系设计起来就比较困难，尤其是跨国企业，就不能简单地实行统一的薪酬方案，而是要更多地注意企业所在区域的具体情况。

（二）影响薪酬的外部因素

影响薪酬的外部因素主要有政府法规、区域经济发展水平、行业水平和市场压力。

政府法规影响企业薪酬的合法性。企业薪酬的制定必须符合政府的法规，包括国家和地方政府的法规，如对员工最低工资的规定、对最长工作时间的规定、对特殊工种的从业人员的规定等。

区域经济发展水平会影响企业的薪酬水平。一般来说，经济发展水平较高的区域内的员工薪酬水平也会较高。中国沿海地区的员工相对于内地员工的薪酬要高，跨国企业在发达国家工作的员工的薪酬比在发展中国家工作的员工的薪酬要高。

行业水平受历史原因和现实需要的影响存在差异，这使在不同行业工作的员工对薪酬的预期也不一致。热门行业如金融、信息行业的员工比传统行业的员工对薪酬的预期可能要高一些，劳动密集型行业如纺织业的员工比知识密集型行业的员工对薪酬的预期可能要低一些。

市场压力是企业必须面临的产品市场和劳动力市场的竞争性的挑战。产品市场上的竞争为劳动力成本以及工资规定了一个上限。当劳动力成本在总成本中所占的份额较高，产品需求受到价格变化的影响较大时，这个上限的约束力就较大。劳动力市场竞争是指企业之间为雇用类似员工而展开的竞争。这些劳动力市场上的竞争者不仅包括那些生产类似产品的公司，也包括那些虽然处于不同的产品市场，但却雇用种类相似的员工的公司。如果一家企业在劳动力市场上不具有竞争力，它就不能吸引和保留足够数量与既定质量的员工。因此，劳动力市场上的竞争给企业的工资水平确定了一个下限。

三、企业薪酬管理制度

工资与福利是满足员工生存、安全等物质需要的主要渠道，是激励员工的基础。合理的工资制度是调动员工积极性的手段。企业应根据自身的实际情况，选择最佳的薪酬制度。总体看来，主要有如下几类薪酬制度。

（一）技术等级薪酬制度

技术等级薪酬制度是根据劳动的复杂程度、繁重程度、精确程度和工作责任大小等因素划分技术等级，按等级规定工资标准的一种制度。其特点是主要以劳动质量来区分劳动差别，进而依此规定工资差别。这种工资制度适用于技术比较复杂的工种。

技术等级薪酬制度由工资等级表、技术等级标准和工资标准三方面组成。工资等级表是确定各级员工工资标准和员工之间工资比例关系的一览表。技术等级标准就是不同工种、不同级别应该达到的技术水平和劳动技能的标准。它包括该等级员工应该具备的文化技术理论知识以及技术操作能力和实际经验。工资标准又称工资率，指对不同等级员工实际支付的工资数额。

（二）职务等级薪酬制度

职务等级薪酬制度是政府机关、企事业单位的行政人员和技术人员所实行的按职务等级规定工资的制度。这种制度是根据各种职务的重要性、责任大小、技术复杂程度等因素，按照职务高低规定统一的工资标准。在同一职务内，又划分为若干等级。各职务之间用上下交叉的等级来区别工资差别线，呈现一职数级、上下交叉的“一条龙”式的工资制度。

（三）结构薪酬制度

结构薪酬制度是根据决定工资的不同因素和工资的不同作用，将工资划分为几个部分，通过对各部分工资数额的合理确定，构成劳动者的全部报酬的制度。一般结构工资由基础工资、职务工资、年功工资和浮动工资四部分组成。

基础工资是保障劳动者基本生活的部分，是维持劳动者劳动力再生产所必需的部分。职务工资是按照各个不同职务（岗位）的业务技术要求、劳动条件、责任等因素来确定，即担任什么职务，确定什么工资标准。工作发生变动，职务工资也随之变动，一般以“一职一薪”为宜。年功工资以工龄为主，结合考勤和工作业绩来确定，也叫工龄工资，但它在工资构成中所占比例较小。浮动工资也叫业绩工资，根据企业经营效益的好坏、个人业绩的优劣来确定。这部分工资在工资构成中所占比例有日益增长之势，但具体计算方法各企业、事业单位有较大差别。有的是规定几个等级，每个等级有确定的工资额，也有的与个人业绩挂钩，上不封顶，下不保底。

（四）提成制度

提成是指企业实际销售收入减去成本开支和应缴纳的各种税费以后，剩余部分在企业和员工之间按不同比例分成的制度。餐饮服务业以及营销公司多采用此工资制度。实行此制度的三要素是确定适当的提成指标、确定恰当的提成方式、确定合理的提成比例。

（五）薪酬谈判制度

薪酬谈判制度是一种灵活反映企业经营状况和劳务市场供求状况并对员工的工资收入保密的一种工资制度。员工的工资额由企业根据员工的技术熟练程度与员工当面谈判协商确定，其工资额的高低取决于劳务市场的供求状况和企业经营状况。当某一工种或人员紧缺或企业经营状况较好时，工资额就上升，反之就下降。企业对生产需要的专业技术水平高的员工愿意支付较高的报酬，如果企业不需要该等级的专业技术的员工，就可能降级使用或支付较低的报酬，如果员工对所得的工资不满，可以与企业协商调整。如果双方都同意，可以履行新的工资约定。员工可以因工资额不符合本人要求而另谋职业，企业也可以因无法满足员工的愿望而另行录用其他员工。企业和员工都必须对工资收入严格保密，不得向他人泄露。薪酬谈判制度可以减少员工之间在工资上的互相攀比，减少矛盾。由于工资是由企业和员工共同谈判商定的，双方都可以接受，一般都比较满意，有利于调动员工的积极性。薪酬谈判制度正在被越来越多的企业采用。

第五章　现代企业生产管理

生产管理环节永远是企业得以健康发展的重要环节，它对企业管理的重要性不仅体现在它是企业的重要组成部分，能够促进企业管理的发展，能够扩大企业管理的作用等方面，而且体现在其他方面。企业要想在竞争激烈的市场中获得长远发展，就必须制定适合自身的、科学的、有效的、具有创新性的生产管理制度。这样可以使企业内部实现科学管理，最大限度地提高企业的市场竞争力，使企业在真正意义上以最低的成本换取最高的利润，从而在市场中立于不败之地，行之有效地推动企业向着健康、高效、科学、稳定的方向发展。

第一节　企业生产管理相关知识

一、生产管理简述

生产管理，也可以称为作业管理或者生产控制，它主要指一个企业对其生产的物品或者提供服务所需的直接资源的有效管理。换句话说，生产管理就是对企业生产系统的设置和运行的各项管理工作的总称。从内容上来看，生产管理主要包含三大板块，即生产计划管理、生产组织管理及生产控制管理。生产管理的最终目标就是高效、低耗、灵活、准时地为客户提供满意的服务。随着当前网络信息化技术的不断发展，将网络信息化技术运用到企业生产管理的过程中，对企业生产管理水平的大幅度提升有重要的价值意义，这不仅可以对企业生产环节、生产速度及生产质量进行有效掌握，还可以清楚地知晓生产工人的工作绩效。此外，网络信息化生产管理还对企业生产效率的提升、生产成本的降低及产品质量的保障起着重要的作用。

（一）生产管理的原则

1. 质量原则

全体生产人员必须树立“工序就是客户”的观点，不生产不良品，不接收不良品，不流转不良品，确立产品质量是企业生存之本的理念。

2. 成本原则

生产管理中力求减少各种浪费，提高生产效率，降低生产成本。

3. 产量原则

生产管理中力达生产计划，确保订单在交期前完成。

4. 标准化原则

生产管理中，把符合企业实际的最优、最合理、最简单的工作方法、运作流程、作业规定形成标准化的制度文件，经培训宣导，让大家按标准的制度文件去执行。

5. 效益原则

生产管理中要求用较少的投入获得较大的产出，也就是用较少的生产成本实现产品数量、质量与交期的最优化。

6. 适量原则

企业根据客户的订单安排生产，这样不会出现由于产品滞销导致流动资金紧张而经营困难。

7. 产量均衡原则

生产中有节奏、均衡地生产，有利于减少在制品库存，降低生产成本。

8. 科学原则

企业必须制定适合企业实际的生产管理制度、作业标准和方法进行科学管理，以确保生产运营正常、有效。

（二）生产管理的程序

1. 确立生产制度

企业必须制定适合企业实际的运作流程和生产管理制度，通过系统培训后贯彻执行，制度面前人人平等，通过制度规范大家的行为，确保生产秩序正常、有效运行。

2. 评估订单

销售部门下发到生产部门的订单，不管是“客户订单”还是“库存生产任务”，生产部门都要进行生产评估，包括交货数量、完成日期、物料、机器设备、工装检具、技术工艺、质量保证等方面，如经评估有异常，及时反馈给销售部门，使销售部门可以及时解决。

3. 编制生产计划

生产部门根据销售部门订单，结合生产部门生产能力、现有的生产任务、物料采购周期及物料库存情况，编制可执行的生产计划（季度生产计划、月生产计划、周生产计划和日生产计划），具体使用哪种周期的生产计划，还需根据行业特点和企业实际决定。

4. 监督生产进度

生产部门根据生产计划，监督、指导与跟进实际生产进度，如发现实际生产进度与生产计划不同步，应立刻协调处理（包括但不限于延长工作时间、增加设备人员、增加班次、委外加工[①]或直接外购等），确保生产进度符合生产计划要求。

5. 处理生产异常问题

针对生产过程中的生产异常，如生产进度异常、生产质量异常、工装夹具异常、设备异常、物料异常、技术工艺异常等，生产部门应及时沟通协调处理，确保生产流程正常、有效运行。

6. 管控生产成本

生产成本包括人工成本、材料成本、库存成本、品质成本及管理成本等。要想降低生产成本，必须加强科学管理，减少各种浪费，提高生产效率。具体到每一个成本项目，应使用不同管控措施。

---

① 委外加工：指一家工厂根据另一家厂商的要求，为其生产产品和产品配件。

7. 确保生产安全

安全生产，人人有责。企业必须实行安全生产责任制，不定期进行安全生产培训，加强安全生产三级教育，定期进行安全生产检查，排除安全隐患，预防安全事故的发生。

8. 提高生产效率

要想提高生产效率，可采用优化工艺流程、减少品质异常、减少现场浪费、解决瓶颈工序、减少换型时间及频次、提高设备使用效率、减少员工待料离岗时间、强化员工培训、提高团队士气、充分的产前准备、先进设备、工装模具使用、实施有激励的计件薪酬制度等方式。

9. 把控生产质量

细节决定成败，没有好的生产质量，不可能有好的结果。对此，应加强进料检验、制程检验、线上检验、出货检验、检测器具管理等，加强供应商质量管控、品质改善会议定期召开、分层审核定期进行，有效的过程和细节管控，确保产品质量满足客户要求。

10. 管理生产数据

生产数据主要包括产量数据、生产计划达成率数据、生产质量数据、生产成本数据、安全生产数据、生产效率数据、设备综合效率数据等。生产数据的收集、整理、分析与改善是生产管理中的一项重要工作，也是评价生产管理绩效的基础。

11. 增强员工士气

员工士气管理是团队建设的一个方面，企业可通过尊重员工、用好员工、让员工参与管理、给员工适当的激励、与员工保持融洽的关系、帮助员工解决工作或生活上的困难、让员工以愉快的心情工作以及参加员工培训等方式来增强员工士气。员工士气的增强，对产量提升、质量保证、成本管控意义重大。

12. 生产现场管理

生产现场管理的重点在于执行规定的条款，不定期监督、检查与考核，制定一些奖惩制度，使员工养成良好习惯，以达到提高员工素养的目的。

13. 维护生产设备

产品靠设备生产，设备有精度和寿命，需要像人的身体一样维护与保养。如果设备缺乏维护与保养，其精度与寿命就会下降，产品质量就没有保障。为确保生产制造有效运行，机器设备必须进行正常的一、二、三级维护与保养，设备的维护与保养是设备管理的重要内容。

14. 生产物流管理

生产物流管理主要包括物料分析请购与采购管理、物料进出仓库与库存管理、物料在车间流转管理、物料或产品厂外运输管理、呆滞物料的管理、物料外协外包管理、物料状态标识管理等。

生产物流管理遵循“三不”原则，即不断料（生产车间不停工断料）、不囤料（适合生产数量的物料准时进仓库，不要提前，更不要延迟）、不呆料（需要用的物料进仓库，不需要用的物料不进仓库）。

15. 产能负荷分析

产能负荷分析主要是针对不同类型产品进行制程分析，分析的具体内容有所使用的机器设备、产品的标准工时、每道工序的标准工时、物料准备时间、产品的制造生产线以及所需要的仓储面积等。产能负荷分析有利于生产订单的评估、生产计划的编制、生产能力的确定等。

16. 精益生产管理

精益生产管理是一种以客户需求为拉动力量，以减少浪费和不断改进为核心，使企业以最少的投入获取成本和效益改善的全新的生产管理模式。精益生产管理主要是管理工具的运用，如精益分析工具（包括浪费分析、价值流分析、流程程序分析、作业时间分析），精益改进工具（包括目视管理、定置管理、看板管理、设备布局、快速换型等），精益控制工具（包括标准化作业）。另外，零库存、拉动式、自动化、单件流、均衡生产是精益生产管理的特点。

精益生产以“反对成本主义，提倡积极进取”“零库存、零缺陷”“永不满足、永远改进”“视问题为发展机遇”“降低八大浪费（过多生产浪费、库存浪费、返工返修浪费、动作浪费、加工浪费、等候浪费、运输浪费和管理浪费）”为全新管理理念。

17. 目视管理

目视管理就是通过视觉使人的意识产生变化的一种管理方法。目视管理有三个特点：无论是谁都能判断好与坏；能迅速判断，准确性高；判断结果不会因人而异。目视管理要求各种管理状态、管理方法清楚明确，一目了然，容易明白，易于遵守，能让员工自主地理解、接受、执行各项工作，这将给生产管理带来极大的便利。

18. 标准化管理

标准化管理就是把适合企业实际的最优、最合理、最简单的工作方法、运作流程、作业规定形成标准化的制度文件，然后大家按标准的制度文件执行。标准化的作用是把企业内的成员所累积的知识、技术经验等，通过文件的方式进行储存，这样不会因为人员的流动而让技术经验流失，更不会因为有了标准化，每一项工作换了不同的人操作，就出现太大的差异。

19. 生产绩效管理

生产绩效管理的主要目标有提高生产效率、提高产品质量、提振员工士气、降低生产成本、确保生产交期和安全生产等。

生产绩效管理的主要指标有产量指标、质量指标、生产成本指标、安全生产指标、生产计划达成率、劳动生产效率、设备综合效率、关键员工流失、下属员工管理等。生产绩效管理中，一般根据行业特点和企业实际制定绩效管理考核办法。

二、企业管理简述

企业管理，顾名思义，就是对企业内外一切事情进行有效管理的过程。具体来说，企业管理主要指对企业发展过程的全部内容进行计划、组织、协调与控制，使其能够提高企业的生产效益、降低企业的开支成本，促使企业既定目标的实现。企业管理的内容，在不同的层次有不同的划分。例如，从管理对象的角度进行划分，企业管理的内容主要包括人力资源管理、资金管理、信息管理、设备管理等。企业管理对企业的发展与壮大具有不可替代的重要作用，它不仅可以明确企业的发展方向、提高企业的运作效率，促使企业员工的潜能在企业管理的过程中得到有效的发挥，还可以促进企业形成合理的资本结构，使企业的财务状况具有清晰性。最重要的是，它可以为顾客提供满意的产品与服务，促进企业树立良好的企业形象，使企业在充满竞争的社会主义市场环境下更加具有竞争力。

三、生产管理和企业管理的关系

第一，行之有效的生产管理模式是企业管理能够正常进行的基础。一个企业要想正常而高效地生产，前提是有计划、有组织、有目的地进行作业。在生产过程中，每个生产环节都是环环相扣的，任何一个环节出现问题，都将造成产品产量降低或者产品质量降低。无论产生什么样的后果，都会造成企业利润降低。能够正常地生产出合格的产品，是企业正常运转的前提。生产管理是企业管理的重要组成部分。

对于大多数的生产企业来说，其很多时候都没有把生产管理放在很突出的位置，这样的态度导致企业的生产管理模式很落后，而这种落后的生产管理又会使企业管理很混乱，使企业遭受巨大的损失。随着市场经济模式的转变和发展，企业想单纯依靠质量来提高自己市场竞争力的做法已经行不通了，既没有数量的保证，也很难在市场中站稳脚步。这就需要企业将作为企业管理重要组成部分的生产管理重视起来，向全面发展的方向迈进，充分挖掘生产管理在企业管理中的巨大潜力，提高市场竞争力。

第二，生产管理能促进企业管理高效运行。一般来说，生产管理是企业对所有与生产产品或者与生产服务有关的活动的管理。随着国内外市场的变化，生产管理的内容发生了巨大的变化，而其内容的变化又反映了产业界的生产变革。企业管理是一个“大工程”，要想这个工程能够高质量、高效率地完成，就不能让每一个对它有影响的部分成为“短板”。生产管理作为企业管理的组成部分之一，其高效运行就能促进企业管理高效运行。如果能够充分地利用企业管理，那么就可以提高企业的运行效率，而运行效率的提高又可以转化为企业的利润。

企业管理可以使企业有明确的发展目标，使企业能够健康发展。生产管理是为企业管理服务的，而企业管理又是以企业能够赢得经济效益为目的。在竞争激烈的市场经济模式下，每个企业都想以最少的成本输出获得最大的经济利益，因此，生产管理就成为重中之重。这就需要企业建立适合自身的、健全的相关管理制度，即企业管理制度。总之，生产管理可以带动企业管理向前发展，而企业管理又可以带动整个企业向前迈进。

第二节　企业生产过程空间组织

一、确定厂址

（一）影响厂址选择的因素

影响厂址选择的因素主要包括产品销售条件、提供服务条件、交通条件、劳动力供应条件、资源供应条件、基础设施条件、地价和税收条件、环境保护法规、扩展条件、地理条件等。

（二）选择厂址的程序

厂址选择需要经历漫长的过程，正式的选址程序通常包括选址准备、厂址搜寻、现场调查、方案评价、厂址决策。

二、工厂平面布置

（一）工厂平面布置的影响因素

所谓工厂布置，就是在由原材料的接收到成品的制造完成和发运的全过程中，将人员、设备和物料所需要的空间做最适当的分配和最有效的组合，以便获取最大的生产经济效益。工厂布置包括平面布置和立面布置，平面布置又分为工厂总平面布置和车间平面布置。

工厂总平面布置设计，就是根据已选定的厂址和厂区，对工厂的各个组成部分进行适当的装配，组成一个符合生产和工作需要的有机整体。工厂总平面布置设计决定了企业各基本生产车间、辅助生产车间、仓库、动力站、办公室及其他单位在平面图上的相互位置和面积大小，还决定了物料的流向和流程、场内外的运输方式以及场内外运输系统的具体设置情况。

（二）工厂平面布置原则

工厂的生产厂房、设施和其他建筑物的布置，应满足生产过程的要求，使物料运输路线尽可能短，减少交叉运输和往返运输，以缩短生产周期，节约生产费用。有密切生产联系的车间应靠近布置。辅助生产车间、生产服务部门应布置在其主要服务车间附近，以保证最短的运输距离，方便联系。机械加工车间和装配车间可以平行配置或垂直配置，但都应符合生产过程的流向，并且相互衔接。充分利用城市现有的运输条件，如铁路、公路、水路、港口等条件。生产过程的流向和运输系统的配置应满足货运路线的要求，保证物料输入和产品输出方便。合理划分厂区，按照生产性质、防火和卫生条件以及动力需要和物料周转量，分别把同类性质的车间和建筑物布置在一个区域内。总平面布置应尽可能紧凑，减少工厂占地面积，提高企业的建筑系数，节约投资和生产费用。工厂长远规划考虑将来有扩建、改建任务时，总平面布置中应有预留地，并尽可能缩小第一期建场用地范围和缩短生产路线长度，以减少场地开拓费用和生产费用。工厂总平面布置应当和周围的环境相协调，考虑企业环境的美化和绿化，使工厂布置整齐、美观，为员工创造一个良好的工作环境。

三、车间平面布置

产品的生产是在车间内进行的，所以在工厂总平面布置的基础上正确设计车间的平面布置，即正确规定各基本工段、辅助工段和生产服务部门的相互位置，以及工作地、机床设备之间的相互位置，也是生产过程中空间组织的重要内容。

（一）生产单位组成部门

1. 基本生产部门

基本生产部门是直接从事企业基本产品的生产，实现基本生产过程的生产单位。对于大型企业来说，有下列车间（分厂）：准备车间，包括铸造车间、有色金属铸造车间、锻工车间、水压机车间、备料车间等；加工车间，包括机械加工车间、冲压车间、铆焊车间、热处理车间、电镀车间等；装备车间，包括部件（总成）装配车间、成品装备车间、油漆车间和包装车间等。

2. 辅助生产部门

辅助生产部门是为基本生产过程提供辅助产品与工业性劳务的生产单位。大型企业有下列车间（站、所）：辅助车间，如工具车间、木模车间、金属模具车间、机修车间、电修车间、建筑修理车间等；动力部门，如热电站、压缩空气站、煤气站、氧气站、锅炉房、变电所等。

3. 技术生产准备部门

生产技术准备部门是为基本生产和辅助生产提供产品设计、工艺设计、工艺装备设计、非标准设计等技术文件并负责新产品试制的部门。

企业生产单位组成部门是建立企业管理结构、确定各部门分工与协作关系、人员定编以及组织日常生产经营活动的前提。在此需要指出的是，并没有一个适用于一切企业的生产单位组成模式。不同的企业，甚至同类企业，由于生产任务和生产条件存在差异，它们的生产单位组成部门也不相同。

（二）生产单位专业化原则

生产过程空间组织是指将生产系统的各组成部分在确定的场址进行合理分布，形成合理的生产单位的过程。生产单位的组织形式决定着企业内部的分工关系，决定着工艺过程的流向以及原材料、在制品在企业内的运输路线和运输量。生产单位专业化原则主要有以下三个。

1. 工艺专业化原则

所谓工艺专业化原则，是按照生产过程中各个工艺阶段的工艺特点建立专业化生产单位，在工艺专业化车间里，集中了同类型的机器设备和相同工种的工人，对企业的各种产品进行相同工艺方法的加工。

工艺专业化原则的优点是：对品种的变换有较好的适应性；便于设备的管理利用，有利于充分利用设备和工人的工作时间；便于进行工艺管理，有利于同类技术交流和技术支援；有利于工人技术水平的提高。其缺点是：大批半成品由一个车间转到另一个车间，交叉运输和往返运输次数较多，使加工路线延长，运输工具成本、运输人工成本以及运费增加；在制品停放时间长，产品生产周期延长，流动资金占用量增大；车间之间生产联系复杂化，从而使车间的计划管理、在制品管理、质量管理的工作复杂化。

2. 对象专业化原则

所谓对象专业化原则，是把加工对象的全部或大部分工艺过程集中在一个生产单位中，组成以产品、活零件、部件、零件组为对象的专业化生产单位。例如，在对象专业化车间中，集中了不同种类、型号的机床设备和不同工种的工人，对同类加工对象进行全部或大部分不同的工艺加工。车轮车间、标准件车间、底盘车间、发动机车间等，均属于对象专业化车间。

对象专业化车间的主要优点是：有利于提高工作单位的专业化程度，采用高效率的设备和工装，提高劳动生产率；可以大大缩短产品的加工路线，降低运输、保管等辅助劳动量，减少仓库和生产面积的占用；提高生产过程的连续性，缩短产品生产周期，减少在制品占用量；减少车间的生产联系，从而简化了计划管理、在制品管理和质量管理工作。总体来说，对象专业化车间是一种优点较多、经济效果较好的生产组织形式。其缺点是对产品品种变换的适应性较差。当市场需求变化快、企业产品方向不稳定、品种多而产量小时，按对象专业化原则建立车间，往往会导致设备、生产面积和工人不能充分利用的情况出现，使得生产经济效益降低。

因此，按对象专业化原则组织生产单位的主要条件是：企业应具有稳定的专业方向、适量的产品品种和一定的生产规模；产品结构比较稳定；产品的系列化、通用化、标准化程度高等。对象专业化原则适合于大量大批生产类型。

3. 混合原则

混合原则（模块式生产）包括两种具体形式：一是企业或车间内部某些生产单位在工艺专业化形式的基础上，局部采用对象专业化形式，如锻造厂主体是按照工艺专业化形式来设置车间，但在箱体造型过程却是采用对象专业化形式，如床身造型工段等；二是企业或车间内部某些生产单位在对象专业化形式的基础上，局部采用工艺专业化形式，如锅炉厂的铸造车间、锻造车间等。

混合原则的优点是，由于零件组在一个生产模块中用同样的机器和类似的工具进行生产，批量变更所引起的调整费用减少，降低了在制品数量，提高了劳动生产率。其缺点是，为了减少零件在模块之间的传送，生产模块内会出现重复的设备。对于单件小批量生产来说，需要生产的零件不可能全部由生产模块完成，剩下的零件加工效率就不高。混合生产方式未来很有发展潜力，混合生产可看成单件生产和大量生产的中间阶段。

第三节　企业生产过程时间组织

生产过程的组织，不仅要求在空间上合理地设置每一个生产单位，还要求各生产单位之间、各工序之间在时间上能相互配合、紧密协作。生产过程的时间组织，就是确定劳动对象在生产过程中各车间、各工序之间的移动方式，确定生产要素在时间上的衔接关系。它要求劳动对象在车间之间、工作地之间的移动，在时间上紧密衔接，以实现有节奏、连续地生产。加强生产过程的时间组织，可以提高设备、员工和工作地的利用效率，减少在制品占用量，缩短生产周期，减少资金占用，对加强企业管理有着重要意义。

生产周期是指产品从原材料投入生产开始，到产成品验收入库所需要的全部时间。产品的生产周期是生产管理是否良好运行的重要指标，产品在各工序之间的移动方式对产品的生产周期具有重要的影响。本节的重点是讨论产品或零部件等加工对象在各工序之间的移动方式，主要包括顺序移动方式、平行移动方式和平行顺序移动方式三种。

一、顺序移动方式

顺序移动方式是指一批零部件或产品在上道工序全部加工完成以后，才整批地从上道工序转入下道工序加工的移动方式。顺序移动方式的最大特点是零部件或产品在其加工的各道工序之间是整批移动的，每批零部件全部加工完毕，才开始转入下道工序。

在采用顺序移动方式时，由于零部件或产品是整批传送的，因而组织与计划工作比较简单。产品和零部件的集中加工、集中运送有利于提高工效以及设备的利用率。这种时间组织方式生产周期长，比较适用于工艺专业化的企业或批量较小的生产过程。

二、平行移动方式

平行移动方式是指每个零部件在上一道工序加工结束以后，立即转入下一道工序进行加工。有时候，零部件在各道工序之间的运送不是单个进行的，而是按一个运输批量进行的，但运输批量只占加工批量很小的比例。因此，平行移动方式的最大特点是零部件在各道工序之间是逐个或逐批运送的。

在采用平行移动方式时，由于零部件是逐个或逐批移动的，零部件在各工序之间的加工平行展开，因而这种时间组织方式能够把正在加工的在制品减到最少，生产周期压缩到最短。但是，由于零部件在各道工序之间按件或小批运送，这就大大增加了运输工作量，同时，由于零部件在各道工序的加工时间不一致，会出现设备闲置的情况。当前道工序的加工时间比后道工序的加工时间长时，后道工序的设备会出现间歇性闲置，但由于闲置是零星的，因而难以找寻其他途径；当前道工序的加工时间比后道工序的加工时间短时，后道工序又会出现零件等待加工的情况，存在少量在制品积存的状况。平行移动方式适用于大量、大批生产和对象专业化的企业。

三、平行顺序移动方式

平行顺序移动方式是指一批零部件在一道工序上尚未全部加工完毕，就将已加工好的一部分零部件转入下道工序加工，恰好能使下道工序连续地加工完该批零部件。平行顺序移动方式是平行移动方式和顺序移动方式的结合，它最大的特点是，加工零部件的每道工序，其设备在开机之后连续地加工完全部零件，但又使生产周期保持最短。

在平行顺序移动方式中，零部件在各道工序之间的传送是以保证工序的连续加工，尽可能地缩短生产周期，减少零件运送量为标准的。这种移动方式克服了平行移动方式下某些工序开工后又停工等待的缺点，也改善了顺序移动方式下生产周期过长的问题，运送量也比平行移动方式下有所减少。因此，当零部件在各道工序的加工时间不协调时，平行顺序移动方式是一种较为理想的时间组织形式。当然，平行顺序移动方式也存在管理工作复杂等方面的缺点。

以上三种不同的生产过程时间组织形式中，就生产周期的长短来说，顺序移动方式的周期最长，平行顺序移动方式次之，平行移动方式最短；就生产中产品的运输工作量大小来说，平行移动方式的工作量最大，平行顺序移动方式次之，顺序移动方式最小；就生产的连续性来说，顺序移动方式和平行顺序移动方式都能保证生产的连续进行，而在平行移动方式下会出现生产工作中断的情况。

一般来说，平行顺序移动方式是一种较好的生产组织形式，但也不能一概而论，在选择生产过程的时间组织形式时，除要考虑生产周期、零部件或产品的搬运量和生产的连续性，还要考虑一些其他因素。

第一，生产单位的专业化形式。生产单位布置的专业化形式和生产过程的时间组织形式存在密切关系。一般来说，如果生产单位是按工艺专业化布置的，且车间之间距离较长，由于零部件不便于单件运送，宜采取顺序移动方式；反之，如果生产单位是按对象专业化布置的，设备间距离较短，采用平行移动方式或平行顺序移动方式较为方便。

第二，生产类型。单件小批量生产时，可采用顺序移动方式；多件大批量生产时，宜采用平行移动方式或平行顺序移动方式，以便降低在制品占用量，加速生产进程。

第三，零部件的重量和工序劳动量的大小。如果零部件较轻，工序劳动量较小，采用顺序移动方式有利于节约运输费；相反，如果零部件较重，工序劳动量较大，需按件运送，宜采用平行移动方式或平行顺序移动方式。

如果改变加工对象调整设备所耗时间长，则应采用顺序移动方式；反之，应采用平行移动方式或平行顺序移动方式。例如，任务紧迫、交货期临近，则宜采用平行移动方式。

第六章 现代企业财务管理

随着我国经济发展的不断深入，企业之间的竞争变得越来越激烈，企业内部如何不断革新自身管理体系，以在市场中占得先机，已成为各个企业重点关注的问题。而财务管理作为控制企业风险、管理企业经营发展的重要工具，为企业的发展提供着源源不断的动力。但是也要清楚地看到，企业经营管理的发展跟市场经济的发展不相匹配，甚至是远远落后于经济发展的脚步，这样的现象制约着企业的发展。究其原因，是财务管理在其中无法发挥其应有的作用。

第一节 企业财务管理概述

一、企业财务管理的内涵

民营企业作为民营经济的重要组成部分，在市场经济发展中发挥着举足轻重的作用，但是在经营发展中，企业更多地偏重生产和经营，很大程度上忽视了企业的财务管理工作，没有正确认识到财务管理工作在企业长远发展中产生的重要作用，企业应该充分认识到，财务管理是保证企业长远发展的关键。

财务管理是企业管理的一个部分，主要涉及企业的经济运转工作。在市场经济下，企业运转的各项指标都可以通过财务信息得到清楚的反映，企业通过这些数据来对自身的发展状况、业务前瞻有一个准确的把握，进而在进行决策时更具把握性。财务管理是一项简单而又复杂的管理工作：简单在于管理层通过对现金流的把控和财务状况的识别，可以很容易地判断出企业是否处在健康的发展轨道上；复杂在于数据收集、分析以及管理需要耗费大量精力。换句话说，就是对企业各项收支进行动态监管，科学分析收集到的信息以及管理这些信息。

另外，财务管理也是对企业资金流向的把控和研究，通过财务管理可以分析企业当前发展的优势和缺陷，加强企业整合资源配置的能力，梳理出工作的重点和要点，集中资源在优势项目上发力，对于缺陷部分，要么对症下药，有针对性地进行解决；要么就是直接放弃，避免更大程度的亏损和影响企业整体效益。尤其是在经济发展更加迅速的今天，企业的每一步选择都可能影响未来的发展，唯有通过财务管理来分析未来发展的趋势和企业自身的优势和劣势，增强自身在市场竞争中的核心竞争力，在发展中不断完善自己、提升自己，做好转型升级，积极发现自身存在的问题，同时找寻策略解决各类问题，最终才能让财务管理成为企业发展的生命线，为企业发展提供不竭的动力。

二、企业财务管理的内容

第一，采用科学的现代化财务管理方法。根据企业的实际情况和市场需要，采用财务管理、信息管理等多种方法，注重对企业经济的预测、测算与平衡等，使得管理方法与企业需求相结合。

第二，明晰市场发展目标。市场是充满竞争、优胜劣汰的地方，一切目标、方法都要通过市场运作来实现。企业财务管理体系的运作要做到有的放矢，适应千变万化的市场需求，以求得企业长足发展。

第三，完善会计核算资料。企业的会计数据及资料是企业历史的再现，这些数据和资料经过整理、计算、分析，具有较高的借鉴价值，因此企业财务管理要求会计资料所反映的内容要真实、完整、准确。

第四，构筑社会诚信机制。企业诚信度的高低预示着企业的兴盛与衰败，因此，要求具体的操作者和执行者在社会经济运作中遵纪守法，严守惯例和规则，树立良好形象。

三、企业财务管理的原则

（一）系统性原则

财务管理是企业管理系统的一个子系统，财务管理系统本身由筹资管理、投资管理和分配管理等子系统构成。在财务管理中坚持系统性原则，是财务管理工作的首要出发点，具体要求做到以下两个方面。

1. 系统整体优化

只有整体优化的系统才是最优系统。财务管理必须从企业整体角度战略出发，而不是“为财务而财务”；各财务管理子系统要协同合作，不能各自为政；实行分权管理的企业，各部门的利益应服从企业的整体利益。

2. 系统结构优化

任何系统都是有一定层次结构的层级系统。在企业资源配置方面，应注意结构比例优化，从而保证整体结构的优化，如进行资金结构、资产结构、分配结构（比例）优化。

（二）动态平衡性原则

在财务管理中，贯彻的是收付实现制，而非权责发生制，客观上要求在财务管理过程中做到现金收入（流入）与现金支出（流出）在数量、时间上达到动态平衡，即现金流转平衡。企业的现金流入和流出是因营业收入与营业支出产生的，同时受企业筹资与投资活动的影响。获取收入以发生支出为前提，投资以融资为前提，负债本息的偿还支付及红利分配要求企业经营获利或获得新的资金来源。企业就是要在这一系列的复杂业务关系中保持现金的收支平衡，而保持现金收支平衡的基本方法是控制现金预算。现金预算是进行现金流转控制的有效工具。

（三）整体权衡性原则

在财务管理过程中，要获取收益就得付出成本，但付出成本就意味着面临风险，因此成本、收益、风险之间总是相互联系、相互制约的。财务管理人员必须牢固树立成本、收益、风险三位一体的观念，以指导各项具体财务管理活动。具体要求如下。

一是在财务管理中，时时刻刻都需要进行成本与收益的权衡。在筹资管理中，要进行筹资成本与筹资收益的权衡；在长期投资管理中，要进行投资成本与投资收益的权衡；在运营资金管理中，收益难以量化，但应追求成本最小化；在分配管理中，应在追求分配管理成本最小的前提下，妥善处理各种财务关系。

二是收益与风险具有对等关系，高收益、高风险，低收益、低风险。但应注意的是，高风险并不一定会带来高收益，有时甚至会带来高损失。可见，认真权衡收益与风险是很重要的，也是很困难的。在筹资管理中，要权衡财务杠杆收益与财务风险；在投资管理中，要比较投资收益与投资风险；在分配管理中，要考虑再投资收益与再投资风险。在整个财务管理过程中，收益与风险权衡的问题无处不在。一般情况下，风险与收益总是相互矛盾的，为追求较大利益，往往要冒相应的风险，如果风险过大，则会削弱企业未来的获利能力；如果收益过小，则会增加企业未来的风险。因此，财务管理的原则是在风险一定的情况下，使收益达到较高的水平；在收益一定的情况下，将风险维持在较低的水平。

在财务管理过程中，应该将成本、收益、风险三者综合权衡，用以指导各项财务决策与计划。权衡即优化决策的过程，决策的过程即优化的过程。在财务管理中，各种方案的优选、整体（总量）优化、结构优化等，都体现了成本、收益、风险三者的综合权衡。

（四）共同管理原则

在统一、全面协调的前提下，按照管理物资与管理资金相结合、使用资金与管理资金相结合、管理责任与管理权限相结合的要求，实行各级、各部门共同承担责任的财务管理制度，以调动全体员工的积极性，将各项管理措施落实到位。

（五）委托代理原则

现代企业的委托代理关系一般包括顾客与公司、债权人与股东、股东与经理以及经理与雇员等多种关系。企业和这些关系人之间的关系，大部分属于委托代理关系。这种既相互依赖又相互冲突的利益关系，需要通过合约来协调。在组成合约的众多关系中，都会出现代理难题和代理成本。由于委托人与代理人之间在企业的经营过程中会有多次利益背离，委托人为了确保代理人的行为符合自己的利益，就有必要对代理人进行激励、约束、惩罚和监督，而这些强制措施都会带来代理成本。为了提高企业的财务价值，企业通常会采取更加灵活多样的激励机制，如员工持股[①]、利润分成、高层管理人员股票期权及灵活的福利制度等来降低企业的代理成本，同时增加员工对企业的认同感。另外，对财务合约中的债务合约、管理合约等的执行情况要进行监督，建立健全完善的约束机制。

四、企业财务管理的目标

企业财务管理目标是企业组织财务活动、处理财务关系所要达到的根本目的，同时，它决定着企业财务管理的基本方向，也是企业财务管理工作的出发点。从演进过程来看，企业财务管理目标直接反映着财务管理环境的变化与企业利益集团利益关系的均衡，是各种因素相互作用的综合体现。

五、企业财务管理的影响因素

企业财务管理目标受不同时期、不同理财环境、不同国度等因素影响。归纳起来，这些影响因素主要包括以下四个方面。

（一）企业财务管理主体

财务管理主体是指企业的财务管理活动应限制在一定的组织内，这明确了财务管理的空间范围。企业自主理财权的确立，使得财务管理活动成为企业总体目标的具体体现，这为正确确立企业财务管理目标奠定了理论基础。

（二）企业财务管理环境

财务管理环境既包括经济环境、法律环境、社会文化环境等财务管理的宏观环境，又包括企业类型、市场环境、采购环境、生产环境等财务管理的微观环境。财务管理环境也是影响财务管理目标的主要因素之一。

（三）利益集团之间的利益关系

企业利益集团是指与企业产生利益关系的群体。在现代企业制度下，企业的利益集团已不是单纯的企业所有者，影响财务管理目标的利益集团包括企业所有者、企业债权人、政府和企业员工等方面，不能将企业财务管理目标仅仅归结为某一集团的目标，其是各利益集团利益的综合体现。

① 员工持股：企业内部员工出资认购本公司部分或全部股权，委托员工持股管理委员会作为社团法人托管运作，员工持股管理委员会作为社团法人进入董事会参与表决和分红。

（四）企业的社会责任

社会责任是指企业在从事生产经营活动、获取正常收益的同时承担相应的社会责任。企业财务管理目标和社会责任在客观上存在一定的矛盾性。企业承担社会责任会造成利润和股东财富减少。当然，企业财务管理目标和社会责任也有一致性：首先，企业承担社会责任大多是法律规定的，如消除环境污染、保护消费者权益等，企业财务管理目标的完成，必须以承担社会责任为前提；其次，企业积极承担社会责任，为社会多做贡献，有利于企业树立良好形象，也有利于企业财务管理目标的实现。

第二节　企业筹资管理

随着我国经济发展水平的不断提高，企业体制改革已进入快速发展阶段，企业的筹资方式逐渐呈现多元化趋势。目前，企业的筹资管理问题已成为企业在经营和生产中遇到的重大难题。对于企业来说，资金是企业的血液和命脉，筹资是企业立足的根本，也是企业实现长远发展的重要条件，对企业的生存发展起着关键性的作用。

一、企业筹资管理的意义

一个企业要想提高自身的经济效益和社会效益，就必须对资金进行有效的利用，资金关系着企业在市场竞争中的地位，影响着企业在发展过程中的经营结构。在社会主义市场经济体制条件下，企业不仅要实现筹资管理方式的科学化和合理化，还要在企业与企业之间实现资金的高效流通。企业筹资是指企业作为筹资主体，根据其生产经营、对外投资和调整资本结构等需要，通过筹资渠道和金融市场，运用筹资方式，有效地筹措和集中资本的活动。

企业的管理方式要以企业的生产经营活动为发展中心，其目的在于提高企业生产的稳定性和企业经济发展变化的适应性。企业在进行筹资管理的过程中，利用资金满足需求，能够在一定程度上降低企业的资金成本以及企业的财务风险，从而帮助企业明确资金使用方向。同时，企业的筹资管理在一定程度上扩宽了企业的投资渠道，为了增加企业的投资力度，就必须合理改善企业的筹资方式，如此才能转变企业的筹资结构，为企业带来巨大的经济利益。换句话说，企业财务管理工作的重心是筹资管理，企业只有选择科学合理的筹资方式，充分发挥筹资管理的作用，才能促使企业实现长远发展。

二、企业筹资管理的原则

（一）数量原则

企业在筹资管理的过程中要保证一定的数量和规模，因为企业处于不断变化发展的过程中，资金的数量也会随之发生变化，企业内部的管理人员需要及时记录资金的数量，并对其进行分析、整理，当资金的运行情况和企业的生产情况受到不利的影响时，及时想出相应的对策进行解决。维持一定的筹资规模，不仅能够帮助企业确定正确的经营方向，还能够避免由于资金过多出现资金闲置现象。

（二）效益原则

实现经济利益的最大化是企业在发展过程中的主要目的，因此企业的筹资管理还必须遵循成本效益的原则。要想做好筹资成本工作，就需要对资金的来源、投资管理的规模建设以及筹资的时间有一个详细的了解。由于不同的筹资方式会产生不同的筹资成本，因此企业的管理人员需要对不同的筹资方式进行对比分析，找出科学合理的资金筹资结构，并且选择风险小、筹资成本低的方式来提高企业的经济效益。

（三）合法合理性原则

企业在进行筹资管理的过程中必须遵循我国相关的法律法规，确保不同的筹资方式与筹资渠道的合法性和合理性。从资金来源范围的角度来看，筹资的难易程度受到分布范围以及供求方式的影响，如果资金的来源范围发展不同，它所产生的筹资渠道也会不同，最终企业的发展和经营模式也不同。因此，必须对筹资方式与投资渠道进行充分的合法性和合理性分析，这关系着企业最终的发展方向和经营效果。

（四）适时性原则

由于资金在企业发展中受到时间的约束，所以企业在筹资过程中必须及时，在不同的时间，企业的资金会产生不同的经济效益和社会效益。因此，企业的筹资管理人才在进行筹资决策时，不但要了解资金从不同的时间、计算以及方法上获得的价值，而且要考虑资金在企业的各个环节的运行情况，最终找出合理的决策方式，保障资金的及时运用。企业在筹资过程中遵循及时适时的原则，不仅能够防止出现降值现象，还能够实现资金在企业利用上的价值最大化。

三、企业筹资管理存在的问题

（一）内部融资不充分

内部融资就是将自己的储蓄资本转化为投资资本的过程。随着经济发展速度的加快和企业生产效益的提高，仅仅依靠内部融资已经不能满足企业的资金需求。内部融资是企业通过内部积累来进行的融资，主要包括三种形式，分别是留存收益转化为新增投资、折旧基金转化为重置投资、资本金。此外，与外部融资相比，内部融资具备成本低、风险低、有自主性和原始性的特点，它能够解决信息不对称所带来的问题，降低交易成本和融资成本，加强企业对剩余资本的控制权。然而，企业内部的融资能力和其增长速度在很大程度上受到企业未来收益预期、盈利能力和净资产规模的影响，因此企业必须有较强的融资能力和精准的融资目的。企业内部融资不足的问题使企业无法给出精确的预算，最终给企业筹资带来一定的影响。

（二）企业管理层缺乏法治意识

许多企业的高层领导认为内部控制就是控制企业的经营成本，是财务部应当负责的事情，致使企业的内部控制缺少实用性的控制内容，只针对财务部进行调整无法对企业经营的全过程进行控制，这为中小企业的生产经营活动带来了极大的财务风险。此外，管理人员在对企业筹资管理的过程中，过于重视企业经济效益的提高，忽视了企业的社会效益，使企业不能树立一个良好的社会形象，在资金短缺时难以获得银行的支持。在对人员的管理上，企业没有严格的规章制度，即使制定了也没有得到有效的实施和执行，内部人员工作散漫，积极性不高，办事效率低下，最终会对企业未来的发展产生不利的影响。

（三）缺少合理的筹资制度保障及筹资规模

规章制度能够在一定程度上约束人的行为。在筹资决策的问题上，企业没有建立相关的制度，也没有将已有的相关政策落实到位，尤其是企业在筹资管理的整体发展规划上没有进行统一有效的整理，当企业出现资金短缺的情况时，企业在筹资方式和筹资渠道上的选择就会遇到很大的困难，不仅会降低企业的发展目标，还会使企业的投资方式无法实现多元化。企业如果不能有效地解决资金短缺问题，将会陷入两难的境地，尤其是在没有相关制度保障的前提下，无法对筹资后出现的质量问题进行有效的评价，这种情况限制了企业在筹资管理上的长期发展。

合理的筹资规模直接影响着企业的经营发展方向。许多企业对筹资规模认识不足，认为只要一味地筹集资金，企业的发展就会越来越好，但实际上，企业在筹资管理上并没有建立相关的筹资渠道。许多企业发展规模不大，生产效益不高，致使企业大量闲置的资金得不到充分的利用，最终使企业出现大量财务管理中的经济问题。如果企业没有筹集充足的资金，会使企业在未来的计划和业务扩展上出现一些问题，这样不仅直接影响企业的规模建设，也会影响企业的决策判断。

四、企业筹资管理问题的解决方案

（一）提升企业内部融资能力

首先，要对贷款方式进行创新，银行贷款主要看重的是企业的信用，如果企业自身的信用水平不高，缺乏具有价值的抵押物，企业会成为银行贷款的洼地。为了提高企业的内部融资能力，企业要提高公司治理能力，自觉承担社会责任，拥有良好的信誉，利用股权、无形资产或其他动产及不动产进行抵押贷款。其次，尽管政府制定了金融促发展的相关政策，但从实际的实施情况来看，大部分中小企业并没有得到多大的利益。对此，政府应当充分发挥宏观调控的作用，设立扶助企业发展的政策性银行，成立贷款审查小组，评估企业贷款的风险程度，建立一整套严格并有效的贷款审批系统。

除银行贷款外，企业的筹资渠道还包括融资租赁。融资租赁是指出租人根据承租人对租赁物件的特定要求和对供货人的选择，出资向供货人购买租赁物件，并租给承租人使用，承租人则分期向出租人支付租金，租赁期内租赁物件的所有权属于出租人所有，而承租人拥有租赁物件的使用权。通过融资租赁，企业可以获得一定的资金支持，能够购买相关的技术设备，使企业在不投入或少投入的状态下，得到设备的使用权，一旦投产经营，再通过分期支付的方式支付租金。筹集资金必须有明确的目的性，大部分国有企业要想解决资金短缺问题，就需增加融资方式和融资渠道。除对现有的银行贷款和租赁融资方式加深运用外，还应当从企业自身的经营状况出发，在国家宏观经济政策的指导下，选择较为合适的筹资方式，根据自身的特点，寻找新的融资方法。通过对现有经济形势的分析，利用债券和信托进行融资是一种比较好的融资方法。

（二）增强管理层的内部控制意识

要想强化企业管理者的内部控制意识，首先要提高企业内部管理者的领导水平，要在办好事情的基础上花好钱，加强制约，提高资金的安全系数，降低企业的财务风险，最终实现企业目标。其次就企业的管理层而言，管理人员应当以身作则，起带头作用，积极执行内部控制规范，增强与企业内部员工的信任感和亲近感，使内部员工对企业有归属感和责任感，增加与员工的沟通和交流，尽可能满足员工的心理需求，增强企业内部的凝聚力，帮助企业实现又快又好发展。

（三）完善企业筹资制度及规模

企业在筹资方式上的管理主要依靠相关政策的实施，以企业实际的战略目标为导向，确保筹资目标能够有效地实现。企业的筹资目标是以相关的活动建设和企业的基本规范为依据而建立的，这对企业的决策判断具有重要的现实意义。企业在进行重要决策之前，需要合理规划筹资管理方式，对筹资过程进行监控以及建立完善的筹资制度，确保筹资计划的顺利进行。

从规划方式的角度来看，企业需要对多样的筹资方式、筹资时间、筹资规模等调查分析后进行适当的调整，从而确保筹资政策落实到位。同时，要对筹资的质量建立相关的评判标准，尤其是筹资可能出现的风险、筹资的成本建设、筹资使用的期限等，确保每一个部分的质量，使资金在企业的发展过程中达到稳定性和便利性的效果。一旦这些要素没有达到质量标准和要求，企业资金运行的安全就会受到威胁，从而影响企业战略目标的实施进度。在对企业的筹资制度进行规划时，需要进行统一的安排，企业在经营发展中的各个环节、重大的决策制定都需要遵循相关的制度，尤其是与筹资方式相关的股权问题，与筹资发行有关的债券问题等，确保企业所建立制度的有效性和规范性，从而提高企业在同类企业中的影响力。

要想实现筹资规模建立的科学化和合理化，就要对筹资成本建设进行规划和比较，如果筹资的金额有限，企业在激烈的市场竞争中就不能得到正常的发展和建设，在日后的筹资管理中就会失去有利的时机。如果企业的筹资金额比较充足，大量的资金有可能会闲置，这在一定程度上会使企业增加不必要的成本，从而降低资金的使用效率。因此，企业在确定筹资规模时，要进行全面的、科学的、合理的、系统的调查分析和研究，依据企业实际的经营发展状况筹集一定数量的资金，使企业筹资成本的建设与企业的发展目标呈正相关关系，从而确立企业的筹资规模。

第三节　企业投资管理

随着我国市场经济的快速发展，企业为做大做强，取得更好的经营效益，以扩大经营范围、增加产能、加强管理为手段，在实现规模经营、降低成本、获得利润更大化的同时，通过不断加强行业之间的联合、开展新的业务等投资方式，为企业创造更多的经济效益。但在企业投资管理方面，还有很多问题有待分析解决。

在市场经济快速发展的形势下，企业之间竞争激烈，经营模式需要多元化、整合化，而投资是企业扩大生产规模、提升经营效益、增强企业核心竞争力的重要途径之一，是现代企业实现快速扩张和跨越式发展的首要选择。企业在满足正常生产经营活动外，使用盈余的自有资金或者适当的负债进行投资，有利于扩大经营规模，拓展市场空间，增加新的经济增长点，提升盈利能力，增强企业发展后劲。但在市场竞争激烈的今天，投资也具有一定的风险，企业应确立科学合理的投资管理办法、规范的投资流程，进而减少投资失误，使企业投资效率得以提高，综合竞争力得以增强，并且健康稳步发展。

一、企业投资管理存在的问题

（一）企业投资战略不完善

企业发展战略是企业如何发展的顶层蓝图，是企业在长远时期发展的战略目标、主业方向、产业重点的重大规划，制定科学的发展战略并有效执行，是实现企业长期快速、健康、稳定发展的重要基础。企业的投资活动是企业重要的战略性决策，应与企业的发展战略有机结合起来。企业每一阶段的投资活动都应是企业战略的一部分，都要紧密围绕企业发展战略，为企业发展战略服务。因此，企业应当根据自己的发展战略制定科学合理的投资战略，并制订每一阶段的投资实施方案，只有这样，才能保证企业战略目标得以实现。但是，在一些中小企业，投资战略缺乏科学的指导，存在与企业发展战略规划脱节、盲目投资的现象。企业为了眼前的利益，忽视了投资与企业发展战略的一致性，导致企业投资战略与企业发展战略目标偏离，使投资不能取得实效，阻碍了企业的长期发展。

（二）企业市场调研不充分

项目投资前最重要的工作是进行市场调研并形成科学系统的投资项目可行性研究报告，在投资决策过程中提供科学依据。在市场调研中，需要系统地收集市场份额、产品占有率、市场竞争情况、技术先进性等真实有效的信息，并进行科学分析，包括行业分析、竞争对手分析、投入产出分析、风险分析等，之后对投资项目发展前景进行专业判断，对项目实施的各种风险进行评估，从而最大限度地把控风险。目前，部分企业普遍存在不重视市场调研的问题，没有真正开展深入、细致的可行性研究，往往是按政府的发展政策或者企业领导的意志来决定投资项目，因此投资项目市场调研没有受到真正的重视，致使企业没有掌握充足、可靠的信息，没有认真分析项目的真实风险，最终导致项目投资失败。

（三）企业投资决策水平不高

投资决策在企业投资活动中起着关键性作用，如果决策正确，项目投资就能取得很好的经济效益和社会效益，反之，投资很有可能失败。目前，投资决策的不规范性在很多企业中或多或少都存在，这降低了投资决策的科学性，企业决策者往往以自己的主观意识进行决策，不经科学民主的决策程序，还有些投资决策者专业技能不足，没有进行科学的项目投资可行性研究，出现了盲目投资、意气投资、冲动投资等情况，造成投资项目风险很大。一些企业领导过分看重投资活动的短期效益，没有进行市场调研，可行性研究报告流于形式，做出不正确的投资决策，导致企业发展失衡，不利于企业的长远发展。

（四）企业投资管理的监督力度不够

在实施投资项目过程中，必须有规范的制度约束和组织机构对投资过程进行监管，这样才能保证项目投资按计划执行，最终达到预期的投资效果。目前，一些企业对投资项目管理过程的监督工作不重视，缺少有效的制度和组织机构，临时委派某人或部门进行项目管理，使投资项目在实施过程中缺少有效的监督和规范管理，可能造成投资项目失去有效的控制，使其投资资金不能得到合理、有效的利用，给企业造成很大的经济损失。

（五）企业投资后缺少评价

项目投资活动是一个完整的过程，完善的投资管理包括前期规划、中期风险控制和后期的审计监督。部分企业在投资管理中很重视投资前期的项目论证和融资行为，也进行了风险分析和管控，但投资项目的后期管理工作不到位，虽然开展了项目验收，但只是对照项目可行性研究报告的建设内容进行验收，没有对投资效果进行评价。

为了正确了解投资项目的实施效果，必须对投资项目实施过程进行验收、审计，经过一定时间后对投资效果进行评估，评估是否达到了最初投资制定的目标。然而，很多企业项目投资没有进行规范的审计和评价，使投资者不能清楚地认识到投资项目是否达到了预期的效果。

二、企业投资管理问题的解决方案

（一）明确企业投资战略规划

首先是企业应结合自身实际，围绕主业发展制定企业战略，这是制订长远、科学的企业投资战略规划的前提；其次是结合企业发展实际，以问题为导向、理论为基础、政策为引导，不断深刻思考自身的竞争力和竞争优势，研究行业的环境变化，以及企业投资能够利用的现有资源，从现有产能扩张、新技术研发、新市场拓展、战略并购等方面，对企业未来发展方向和推进路径进行规划，为企业投资方向提供理论指导；再次是为企业战略落地执行和稳步推进制定切实可行的制度体系；最后是充分利用企业现有资源，通过实施多渠道的企业投资模式，提高自身企业的盈利能力以及经营能力。

（二）企业投资前期充分做好市场调研

为保证企业项目投资的合理性，在企业投资之前，对项目市场现状、发展趋势、主要风险等进行全面、仔细的调研也十分重要。企业的投资管理人员应充分地以市场为导向，以产品为重点，对其进行科学、合理、全面的分析，可以聘请专业的中介机构，通过座谈会研讨、行业竞争对手研究、行业资料收集等，掌握足够的信息。之后，通过对项目投资构成、商业模式、投资回报、经济效益和风险管控等方面的调查与了解，结合企业实际的发展情况，充分考虑企业资金周转和投资来源方面的问题，制定出科学、严谨、有效、全面的前期投资市场调研报告，为保证后期投资项目有良好的发展前景提供投资依据。

（三）提升企业投资决策的科学性

投资决策对企业项目投资效果有着重要的影响，科学、合理、有效的投资决策可以提高项目投资的成功率，并促进企业经济健康快速发展。企业管理者以及决策者必须以专业、创新的眼光来看待投资市场，并通过合理的分析与研究，确保投资决策的正确性，避免决策盲目性。同时，企业也可以设立有经营、财务等专业投资管理人才参加的投资委员会，可以邀请专业中介机构、行业专家共同参与，对项目投资进行审查和评估，保证决策的可行性、有效性与合理性，避免盲目、不当的投资行为，从而确保企业的投资活动能够取得良好的经济效益。

（四）加强企业投资规范化管理

为保证企业项目投资实施过程能够有效开展，并最终达到预期的投资效果，建立健全有效的监督管理制度尤为重要。其主要内容如下：一是制定科学、有效的监督管理制度，让项目投资监管人员以制度为依据，定期对企业的投资项目实施管理；二是对投资资金流动方向进行全过程的监督，保证资金使用的合理合法；三是开展有效监督，审计管理部门对实施方案进行审核，财务、基建、项目管理等部门对投资项目定期开展检查和效能监察，以保证监管工作落实到位。

（五）加强对企业投资项目后评价的重视程度

投资项目后评价是在投资项目实施完成后并运行一定时间，对投资项目最终取得的经济效益和社会效益等进行客观的、系统的分析和总结，确定投资是否达到预期目标，实施过程是否合理有效，是否实现了主要效益指标。通过分析评价查找成败的原因，总结经验教训，及时有效地反馈信息，为今后投资管理提出合理建议，提高管理水平，同时为该项目在运行中存在的不合理因素提出改进建议，提高投资水平。

在当今时代，企业要实现生存发展，投资结构就要不断优化。为实现新产业、新模式、新动能的发展，企业必须开展投资活动，但是受到市场环境和内部管理因素的影响，企业投资管理过程中还存在很多问题，往往会对企业的发展造成不利影响。对此，企业必须明晰企业战略，加强投资前期的市场调研，开展可行性研究，提高投资决策的科学性与合理性，完善投资管理机制，加强项目投资实施中的规范管理，重视项目后评价等，从而保障投资活动的顺利进行，提升企业的经济效益，推动企业健康、稳定发展。

第四节　企业财务分析

近年来，我国经济快速发展，许多企业都面临着机遇和挑战。企业要想在激烈的市场竞争中占据一席之地，需要明确自己的发展方向和发展目标，优化企业经营和战略决策，努力提升自身的市场竞争力。企业管理者往往通过分析财务报表对企业经营做出判断、实施管理。

很多企业现有的管理水平已经不能满足发展的需要，相当多的企业已逐步开始重视财务管理工作，对财务管理工作进行科学、合理的规划，进一步强化财务管理、财务分析在企业发展中的作用。

一、企业财务分析的意义

财务分析是以会计核算和财务会计报告中具体的财务报表及指标等相关资料为依据，采用一定的技术与方法，针对性地对有关项目及其质量加以分析和考察，对企业已经发生和即将发生的经营活动及投资、筹资等活动进行研究，分析企业各项活动所具备的运营能力、盈利能力及偿还能力。财务分析是企业依据相应的信息数据对之前发生的经营活动的总结，是对企业以后经营活动的发展趋势进行的预测，为企业管理层规划企业今后的发展提供依据。

（一）评估企业经营状况

财务数据可以反映出当前企业的经营成果，然后将这些客观数据通过一定的方法进行汇总、分析、判断，查找出导致出现当前财务状况和经营成果的各种因素，分析原因，划清责任，客观公正地做出评价，这也便于管理者及时发现和解决问题，扩大企业的经济利益。

（二）规避企业财务风险

财务控制是企业内部控制中的一种，是确保企业正常运行的基础，其他控制都是建立在财务控制的基础上。为了保证公司的安全运营，财务控制与财务监督需密切相连，且将真实可靠的财务分析作为监督依据。譬如，通过财务预算管理可以知晓预算的执行情况，掌握预算目标与实际执行之间的差距，通过分析进一步明确差额产生的原因，也可了解公司财务核算基础工作的实施情况；通过审核相关财务凭证等资料，了解公司业务的流转，并进行分析，可以知晓企业制度的具体执行情况。总之，通过财务分析可以了解公司的实际运营状况，帮助企业规避财务风险，保证企业的规范运营。

（三）有利于企业管理人员做出正确决策

根据财务报表、财务相关资料等信息，进行财务分析，能够让企业管理者知晓企业当前的经营状况，同时依据企业以往的经营业绩和运行趋势，预测出企业今后的发展趋势，这样有利于企业管理者为企业以后的正常经营做出正确决策。企业的运营发展有其自身特有的规律，通过财务分析，可以从企业过去的经营活动和成果发现企业经营活动规律，以便于企业管理者更好地掌握信息、管理企业，同时财务分析也为企业的发展提供强有力的支持。

（四）提升企业财务人员的技能

随着财会智能化的进一步发展及国家财会职称体系的改革，我国会计人员逐渐从原始会计核算工作中解放出来，工作重心转移到了财务管理方面，财务分析作为企业财务管理的一项技能，越来越频繁地被企业使用，这就对财务人员的技能提出了更高的要求。企业财务人员需与时俱进，不断学习财务分析、财务管理方面的知识，提高专业技能，承担起提高企业财务分析的质量、确保企业财务方面稳定发展的职责，同时推动企业财务人员职业生涯规划发展。

（五）提高企业核心竞争力

财务分析通常运用的财务指标包括总资产周转率、流动资产周转率、应收账款周转率、净资产收益率等。上述财务指标虽然计算公式简单，对财务人员专业知识要求不高，但作用却很大，可以让管理者快速了解企业的经营状况。随着信息化应用的不断加强，财务人员的记账工具传统账本向 ERP（企业资源计划）系统转变，通过数据与产出的关联性，建立一套简单的比例指标，更多地收集经营环节的数据，在各个环节及时发现问题并预警。企业管理层在进行重要决策时，仅凭经济的宏观走向和市场趋势判断，肯定是不全面的，还需要根据企业自身财务情况加以分析，如偿债能力、经营风险、盈利能力和变现能力，去预测企业是扩大规模，还是稳定经营，以提高企业在市场环境中的竞争力。

（六）缩小预算与收支差距

在新的企业经营环境下，企业财务分析工作的开展，一般将各项财务指标与预算指标相结合，通过对比分析，将财务分析数字化、具体化，发现企业实际经营与预算信息的差别，判断其中存在的问题，及时发现问题并迅速采取相关措施解决问题，以纠正偏差。如果因为客观原因，差距实在无法缩减，应对企业未来时间段的资产、负债、利润等情况进行合理预估，管理层做出决策后进行相应审批调整，缩小差距，确保企业的目标不偏航。

二、企业在财务分析过程中的不足之处

（一）财务分析方法不得当

目前多数企业以追求利润最大化为目标，只重视收入、利润的增长，而忽略财务分析对经营管理的重要性，并且片面地认为企业的经济利益来自销售商品、提供劳务等经营活动，而财务只是记账、报税。这样的认知，产生的直接后果就是，财务分析方法传统落后，方法运用方式简单。比如，某些

企业单一地运用比率分析法，虽然对企业财务现状做出了比较有效的分析，但它只适用于某些方面，揭示的信息存在局限性，方法虽好，但不结合其他有关资料和实际情况，做更深层次的研究，就无法做出正确判断和评价。其实，财务分析工作专业性很强，不仅涉及财务知识，还需要经济类知识和技能。财务分析要求数据绝对精准，任何一个小的环节，都有可能导致结果不准确，最终影响财务分析结果。

（二）财务分析工作者专业度不达标

许多企业对财务分析工作认知不够，重视程度不高，没有设置专门的财务分析岗位，而是由核算会计兼任。其实，财务分析与企业融资、投资、运营息息相关，由于我国财务分析研究起步晚、高管认知的局限性等，使其对财务分析工作的认识停留在记账的表象，而忽略了其财务管理功能，无法改革创新。在这样的情况下，即使分析数据齐全，由于核算职能限制了财务分析工作的深度和广度，所以无法揭露数据背后的深层含义。管理职能的弱化，使其无法站在全局高度分析和评价问题。生产和经营方面的不了解，使核算会计无法深入了解非财务信息指标。综上所述，财务分析综合性较强，对工作人员综合素质的要求较高。由于财务分析工作质量和创收力无法量化，企业对于相关人员的考核体制搭建困难，鼓励更是无从下手，财务分析人员缺乏鼓励导向，就会丧失提升和创新的活力，仅靠财务分析人员的自觉性来提升财务分析工作质量不现实，也不符合事物发展规律。

（三）财务分析数据不精确

一般来说，企业财务分析的依据是行业数据及企业历史数据，如果财务数据不精准，必然影响分析结果。导致数据失真的原因有很多，如财务人员会计核算不规范，基本功不过硬，对相关税收政策领会不深刻，这间接影响了财务数据的准确性。还有部分财务人员任意调节财务数据，操纵结果，虚增收入、减少支出来提高利润，故意延迟收入入账时间，随意增加成本费用，使利润减少，导致财务分析的结果大打折扣，数据完全不具备参考性，无法与实际经营状况相结合。

（四）财务分析资料准备不充分

在大数据时代背景下，如果一家企业对财务分析没有清晰的认识，那么企业整体框架就无法搭建，财务人员没有清晰的构架认识，无法做到围绕企业战略目标，制定精准、全面的财务分析体系。比如，某些高新科技企业需要投资新能源项目，由于新能源产业是新兴产业，无历史数据参考，现有企业提供燃油项目的成本费用数据，两者之间根本不存在可比性，没有参考价值。这就是基础数据资料与分析目标不符造成的后果。另外，分析范围不完整也会直接影响分析的结果。现在很多集团拥有众多子公司，盈利情况不一，只针对性地分析某一家某一业务板块的数据，必然无法代表各公司甚至整个集团的效益情况，这时候，需要将集团看作一个整体进行分析，这样数据才具有说服力。

（五）财务分析方法过于传统

由于每个企业战略目标和经营目标不尽相同，财务分析的方法也无法统一，所以市面上没有统一的财务分析软件，很多企业仍然在用最传统的方法进行财务分析，手动输入财务信息，导出相关数据，再做成最简单的电子表格。此方法无技术含量、效率低、出错率高，导致数据分析结果存在局限性。而且因为方法的传统性，其只具备表象意义，无法看到数据背后深层的分析价值。在目前的财务分析工作中，有部分企业已意识到其重要性，实现了信息化管理，但是软件更新慢，与企业实际分析需求存在差距，企业也没有对分析功能进行深挖，导致分析质量和效率不理想。

（六）管理人员对财务分析工作不重视

现阶段，多数企业管理者在日常的经营管理中只关注产品生产状况、市场销售情况、销售额度的增长和是否盈利，忽略了产生这些状况的具体原因。究其原因，就是对财务分析工作不重视，从而导致管理上缺失了财务分析这一重要环节。

首先，企业财务工作人员本身对财务分析就不重视，认为财务工作就是做好财务基础核算，把主要精力都放到了财务核算上，只做财务上基本的数据计算，没有分析这些数据产生的原因，更谈不上对这些数据做更深层次的分析。其次，在多数企业内，始终存在这样一种认识，财务数据都是由财务部门提供，那么相关分析工作也应该由财务部门负责，与其他部门无关。这样就出现财务人员在做具体财务分析工作，需要采集企业其他非财务方面数据时工作很难开展的情况，其他部门较难配合，或提供的数据不准确，故财务人员在做财务分析时因信息数据单一或不准确，其分析结果往往与企业的实际经营状况相背离。企业内多方主体认识上的偏差，阻碍了财务分析工作的有效实施和推进。

（七）没有形成财务分析体系

目前，许多企业在经营中把财务分析作为一项工作流程，没有把财务分析工作体系化。首先，对财务分析的目的、作用不清晰。财务人员进行财务分析时更多的是按照惯例对数据进行计算比较，并不关注数据变化产生的原因及可能会出现的问题，或者仅对某项业务开展详细的分析工作，忽略了企业内各项业务之间的相互关联性及某项业务的发展对其他业务的影响，缺少对企业整体业务财务状况的分析，从而出现企业财务分析结论片面化、偏差化，财务分析工作形式化的情况，会引导管理者做出错误的经营决策，严重的甚至会导致企业经营失败，不利于企业的发展。其次，随着市场经济的发展，与以往的企业相比，现代企业在管理架构、生产模式、业务方式、业务种类等方面都发生了巨大的变化，具有更高的复杂性，依然只满足于日常工作流程需要对企业进行简单的财务分析，不重视财务分析的结论，不利于企业健康、稳定地发展。

三、改善企业财务分析现状的方案

（一）增强管理人员对财务分析的重视

财务分析是一项专业性较强的工作，在企业管理中占据重要的地位。企业的发展需要财务分析，因此企业管理者要逐步提高认识，重视财务分析，把财务分析作为企业管理的重要手段。提高认识是自上而下的，首先是企业管理层，企业的发展需要财务分析，通过财务分析才能知晓企业现状及发展趋势，并通过财务分析发现企业经营中存在的问题，这样才能不断健全管理制度，完善企业的管理流程，充分发挥财务分析在企业决策中的重要作用，使企业正常、稳健地发展。其次是财务分析人员，其自身也要加强对财务分析工作的重视度，对财务分析工作精益求精，同时从企业财务管理方面、经营管理方面献计献策，建立与本企业经营状况相匹配的财务分析方法，以提高财务分析的质量。

（二）建立健全财务分析体系

企业应健全和完善财务分析体系，这样才能最大限度地发挥财务分析的作用。首先，将财务分析人员从财务部分离出来，设立独立的分析部门，引进具有专业分析能力的财务人才来从事分析工作，这样有利于财务分析工作的开展。其次，根据企业经营状况采用适合本企业的财务分析方法，并利用各项高质量的信息数据，为企业得出正确的财务分析结果。再次，将财务分析人员的岗位职责和工作成效纳入员工绩效考核中去，更好地激励财务分析人员的工作主动性、积极性和创造性。最后，在企业制定的财务分析管理制度和流程中明确规定财务分析工作需达到的目标和质量要求，让每一位财务分析人员更好地了解分析工作的重要性，从而更好地为企业发展服务。

（三）完善财务分析方法

随着现代企业管理的发展，财务分析方法越来越多，如比较分析法、趋势分析法、因素分析法、比率分析法、历史分析法、行业分析法、定量分析法、定性分析法等，这些方法各有所长。在实际财务分析工作中，应当将适合本企业现状的多种分析方法相结合，以期得出结论较为准确的分析结果。为了更好地适应企业发展管理的需要，提高财务分析结果准确的概率，不断创新和改善财务分析方法成为企业日常的工作。随着经济的发展，智能化、信息化、网络化已成为主流，所以财务分析工作应充分利用现代化信息手段，同时强化财务软件的运用，提升企业财务管理智能化水平，从整体上提高财务分析工作的质量。

（四）提高财务分析数据的质量

为了财务分析工作有效开展，确保财务分析的质量，相关信息资料等数据的质量就显得尤为重要。对于财务指标和非财务指标，企业需统筹兼顾，并且做到两者有机结合。同时，要确保财务数据的正确性和非财务指标的准确性。

只有被分析数据准确了，涵盖的范围够宽了，财务分析后得出的结论才能准确，才能被使用。分析财务数据可知企业现在及过去的状态，分析非财务数据可对企业的未来方向进行研判，将两者结合起来，才能做到对企业整体进行正确的分析和判断。

（五）提高企业财务分析团队的技能水平

财务分析人员对企业的发展起举足轻重的作用。企业要想充分发挥分析功能，就要建设独立的财务分析团队，这涉及财务分析人员的任用和培养等各个方面，以持续提高财务分析队伍的综合分析能力为最终目标。

首先，企业针对分析人员的选拔要树立用人标准，严格筛选，坚持公开、公正、公平的原则，严禁徇私舞弊等行为，真正任用那些人品好、专业技能过硬、综合素质高的专业人才。其次，企业要重视对财务分析人员的培训，在专业的培训机构定期开展相关培训，让财务分析人员不断吸收新的财务分析知识与理念，提升专业知识和财务分析能力。最后，在对财务分析人员进行培训时，可以实时地加强财务人员的激励机制，将财务分析工作纳入其绩效考核，从而促进财务分析人员更加积极主动地学习先进的财务分析技能和知识，系统地了解财务分析流程和方法，在实际工作中针对本企业的经营特点采用能提高财务分析准确性的财务分析方法，提升财务分析工作的科学性、合理性，改善企业的经营管理状况。

在当下充满不确定因素的经济形势中，企业要想获得稳定效益，持续发展，对企业自身经营状况的了解和未来发展的研判显得非常重要，因此，财务分析工作的重要性越来越显著，企业对财务分析团队的要求越来越高。针对财务分析工作，财务分析团队需继续发扬以往财务分析的优点，按照企业发展的现实状况，尝试新的适合企业的财务分析方法，为企业提供更精确的财务分析结论。同时，财务分析人员必须转变思路，加强学习，提高自身技能，发现现有工作中存在的问题和不足，积极推动财务分析工作的创新与变革，提高财务分析所需数据的质量，从而提高财务分析结论的质量，为企业能够做出正确决策提供有力支持，增强企业市场竞争能力，最终实现企业价值最大化。

第七章　高校经济管理专业师资建设

众所周知，如果从师资队伍的不同构成因素出发进行结构分析，可以将师资队伍结构划分为职务（职称）结构、学历结构、专业（科类）结构、年龄结构等，这些结构从不同的角度描述了师资队伍的构成状态，从不同方面并在不同程度上反映了师资队伍的作用。经济管理专业师资队伍建设进程中，按照科学合理、协调统一的要求，不断调整师资结构，始终是师资队伍建设的重要组成部分。从历史的角度来看，在以往的改革中，经济管理专业师资队伍结构经过不断调整，同当时的生产力发展水平基本相符，同经济管理类高等教育的发展水平基本一致，同经济和社会发展对当时经济管理类高等教育的实际需求基本适应。

第一节　本科院校创新创业师资队伍的培养

一、创新创业相关概念概述

（一）创业的概念

《现代汉语词典》中对“创业”的解释是“创办事业”，这个词包括“创”和“业”两个字，“创”是创办、开创，“业”指业务、事业。我们通常所讲的“创业”，顾名思义是创建新的企业，现在加入了许多新元素。“创业教育之父”杰弗里·蒂蒙斯（Jeffry Timmons）所著的创业教育领域的经典教科书《创业创造》中的定义如下：创业是一种思考、推理结合运气的行为方式，它为运气带来的机会所驱动，需要在方法上全盘考虑并拥有和谐的领导能力。当前，创业的大多数定义侧重于对机会的寻求，经常引用史蒂文森（Stevenson）提出的定义：创业是一个人无论是独立的还是在一个组织内部追踪和捕获机会的过程，这一过程与其当时控制的资源无关。

（二）创新的概念

创新是以一种新思维、新发明和新描述为特征的概念化过程，包括三层意思，即更新、创造新东西、改变。创新是人类专有的把握事物规律和联系实际的一种能力，它进一步体现了人的主观能动性，也是促进社会进步的巨大推力。

创新在一定程度上存在于创业过程中，但是不能等同于创业。奥地利经济学家约瑟夫·熊彼特（Joseph Schumpeter）认为："所谓创新，就是建立一种新的生产函数，也就是说，把一种从来没有过的关于生产要素和生产条件的新组合引入生产体系。"

综上所述，创新不等于创业，但在一定程度上存在于创业之中。无论在创业过程中开发一种新产品，还是走出一条新路子，都属于创新。如果创业仅仅是照搬前人的模式开创事业，就不属于真正意义上的创新。

（三）创业教育的概念

"创业教育"由英语"entrepreneurship education"翻译而来，最早是在联合国教科文组织 1989 年在北京召开的"面向 21 世纪教育发展趋势国际研讨会"上提出的，主要指对青年的事业心、进取心、冒险精神等的培养。单从字面意义上理解，创业教育就是指针对大学生开展的创业理论和创业实践等教育教学工作。

英文单词"entrepreneurship education"可以从两个方面去理解：一是为了开办企业或开展事业等商业活动而进行的计划、内容和过程的培训和教育；二是对进取心、事业心、责任心，以及灵活应变能力和拼搏精神的培养。

所谓高校创业教育，是指与专业教育密切结合，通过给大学生讲授创业知识、增强创业意识、培养创业精神、提升创业能力，使大学生毕业后能够实现自主创业或在以后的工作中实现自我发展的一种教育模式。创业教育是一门综合性学科，包含教育学、管理学、心理学、创业学、法学、经济学等，它包括两层含义：首先，创业教育的开展使大学生在一定程度上体验并完成创业过程；其次，由创业教育培养大学生的创业意识，使其具有良好的创业精神和较为熟练的创业技能。

二、创新创业师资队伍培养的不足

教育永恒的主题之一便是师资队伍建设，这是高校一项最重要的基本建设。伴随创业教育在全球高等教育界蓬勃兴起，关于创业教育的研究也在我国高等教育领域内部逐渐深入。从 1997 年清华大学举办第一届大学生创业比赛，到教育部 2002 年在清华大学等九所大学进行创业教育试点，我国部分重点院校已经在创业教育领域取得了一定的教育成效，但也存在一些问题，如二批院校起步较晚，缺少有力支持，没有较完善的理论支撑，不能从理论高度解决创业中遇到的困扰，也不能探寻出创业的一般发展规律，更无力提供大学生启动资金或相关的咨询服务。

以上都是普遍存在的问题，这就说明创业教育师资队伍建设迫在眉睫。众所周知，创业教育所包含的内容繁杂，这就使得高校对教师综合能力的要求很高，但是目前创业师资队伍十分紧缺。当前，创业教育师资队伍严重不足主要体现在以下两个方面。

（一）师资数量少

教师人数远远不足。专业师资队伍不可能在短时期内迅速扩大，尤其对于我国二批本科院校来说，专业师资力量更加匮乏。开展创业教育课程的学校本身就很少，甚至没有，进行创业教育教学和研究的高层次教师更是鲜见。

（二）师资教学质量一般

当前从事创业教育的教师，多数缺少直接的创业实践，往往不能在教学中引入鲜活的实际案例，这就使教学质量大打折扣。而大学生如果缺少有效的实践指引，必然使其思想落于空谈，造成现在我国社会和大学脱节现象。

三、创新创业对师资队伍能力的要求

加强创业教育师资队伍建设是推进创业教育发展的核心所在。但是，当前很多创业教育教师缺少专业知识和经验，这是阻碍我国创业教育发展的重要原因。唯有创业教育教师的专业素质和实践能力得到提高，建立健全师资队伍，才能让大学生树立创业意识，形成创业动机。

（一）创新创业教育师资队伍的专业知识要求

1. 知识结构综合性要高

创新创业教育师资注重将创业教育的学习加入专业教育之中，如在教学过程中加入创业基础、职业规划和经济管理等方面的教学内容。不仅如此，还要让学生学会市场调研，通过分析若干个备选信息来了解创业的前期选择和准备。另外，与开办企业息息相关的财务、法律、保险、市场营销等基本内容也要有所涉猎。

2. 熟悉本专业知识

创新创业教育是一门实践性很强的学科，不仅要求大学生熟悉理论知识，更要求其拥有实际操作能力。这就对教师的专业知识与技能提出了更高层次的要求，要求教师不仅熟练掌握专业技术，有高超的实际操作能力，而且能够不断学习更新，填补由于创业教育发展而更新的知识。

3. 掌握创新创业知识

在高校开展创新创业教育，目的是使大学生能够拥有基本的创业素养，包括基本知识和基本技能两个方面。创业教育师资应该是两者的完美综合体，既要具备扎实的专业知识，能从理论的高度给予大学生宏观上的指导，也要拥有熟练的实践操作技巧，在实践中帮助大学生解决困扰和难题。

（二）创新创业教育师资队伍的专业能力要求

1. 学习能力和教学能力

迄今为止，创新创业教育课程尚未形成放之四海而皆准的教育参考书或教学大纲，要求创业教育教师从实际出发，设计出相对恰当的创业教育教学计划，并进行有特色的教学实践。在实践中，肯定会遇到一些从未出现的情况，教师要及时针对突发状况修订原教学计划，从而使教育教学向有利于大学生的方向发展。在实践教育中，教师的学习能力和教学能力是非常重要的基本功之一。

2. 发掘大学生创新创业潜能的能力

当前部分大学生普遍比较迷茫，在完成“考上大学”这个任务之后，暂时失去人生目标。同时，人的个性存在巨大差异，造成每个学生性格、爱好、理想、需求和能力等各个方面都有所不同。这对创新创业教育教师又提出了一个要求：因材施教，尽量了解每个学生的性格特点，协助他们明确自身的优势和不足，端正创业意愿，树立创业目标，配合教师一起开发自身的创新创业潜质，为今后创业成功打下良好基础。

3. 创新拓展能力

创新创业教育教师要有较强的实际操作能力，能够把创新思想转化成创新能力，利用课堂的教育教学活动、课外的实践活动等培养和锻炼大学生的创业技能。

4. 甄别信息的能力

明白应该从何处收集信息、如何挑选有用信息、信息间有什么内在关系等，如何在纷繁复杂的信息中甄选出有效信息为自己所用，不仅是对学生提出的要求，更是对教师提出的要求。只有教师具备了良好的信息处理能力，才能在实践中更好地指导学生，帮助学生解决实际问题。

四、我国本科院校创新创业教育师资队伍建设的成就

（一）政府高度重视

我国政府十分重视创新创业教育师资队伍建设，大力发展职业教育、创业教育是实现教育全面协调可持续发展的必然要求，是推进我国开展新型工业化道路、提升综合国力、全面提高国民素质、构建和谐社会的重要途径。各高校对创新创业教育师资队伍建设还是比较重视的，对师资队伍也开展了各种类型的培训。可见，大家对创新创业教育师资队伍建设的重要性和紧迫性已经达成共识。

（二）开展各类创新创业活动

开展各类创新创业活动，不仅能够提高大学生的实际工作能力，更重要的是给大学生增加实习经验，提高综合素质，使其顺应社会发展的需要。各种创新创业活动的开展，为大学生和用人单位搭建了一个双向选择的平台，为有志于创业的大学生提供鼓励和支持平台。

（三）积极推进创新创业教育培训

创新创业教育师资队伍建设中很重要的培训工作已在全国各省市开展，虽然各地投入的人力、物力和财力的程度不同，培训方式各异，但是培训工作从未间断。众多高校都积极开展了形式多样的政策、创业能力方面的相关培训。

五、对本科院校创新创业师资队伍建设的建议

高素质的创业教育师资队伍建设必须当作系统工程来进行，社会各界需共同出力才可能实现。政府方面，不断加大宏观调控力度和保证持续的经费投入；高校方面，加强学科建设，建设一支专兼职结合的高素质的大学生创业教育师资队伍；教师方面，加强在职人员培训力度，不断地更新自身的知识结构与能力。

（一）政府助力师资队伍的建设

1. 制定政策

充分发挥已有政策的规定作用，政府的政策对高等教育起着主导作用。思想是先导，教育是关键，师资是根本。政府应通过经费、招生数量等加大对此项工作的支持。

我国正处于经济发展迅速的社会转型期，为了缓解严峻的就业形势和就业压力，壮大创业教育师资队伍，十分有必要进行创业教育的立法规范。

2. 加大经费投入力度

大部分省市高校，特别是本科院校的创业教育经费严重不足，建议各级政府部门在增加创业教育总经费的基础上，设立创业教育师资队伍建设专项经费，并列入政府财政预算中。这笔经费要做到专款专用，用在师资队伍的岗前和在职培训上，岗前培训经费用于学科和专业的建设，在职培训经费主要针对创业教育师资队伍的技能培训和创业资格认证培训。尽量让所有在职的创业教育教师都能得到定期的免费培训。与此同时，政府应给企业一些适当的补贴，支持创业教育教师到这些企业挂职锻炼，提高他们在实际工作中的经验和创业指导能力。

3. 建立与中小学相衔接的教育体系

我国的大学生就业已然成为影响社会稳定的重要问题，已经引起了党中央的高度重视。每年国务院都组织教育部、人力资源和社会保障部、人事部、公安部等召开全国电视电话会议，出台各种政策，以促进当年大学生就业工作顺利开展。近些年，国家大力提倡大学生自主创业，以此扩大就业范围。

为了更好地发掘人才，丰富创业教育成果，我国可以借鉴国外先进的成功经验。美国创业教育协会指出，创业教育是一项终身教育，涵盖从小学一

直到研究生的整个学习阶段，主要分为五个发展阶段。

一是基础阶段。小学、初中、高中三个阶段中的学生应不断深化对企业的认识，了解自由市场经济对经济与事业的发展之间的关系，并将培养大学生基本技能的重要性深入人心。在这一阶段，教师着重于对学生学习动机和机遇的判断力的培养。

二是能力意识阶段。对学生进行职业教育和创新创业教育，使其学会使用基本的商业用语，并能从企业家的角度看问题，提升学生的创业意识。

三是创造性的实践阶段。在此阶段，学生要思考商业点子，并制作商业策划书。在实践中，学生所获得的知识将会比前两个阶段更加丰富。这一活动可以在大学新生课堂中开展，教育目标是让学生意识到怎样做才能成为企业家。

四是启动阶段。在高校的教学过程中，相当一部分人希望将他们萌发的商业智慧汇聚起来进行碰撞和试验。大学、职业学院和社区学院给人们提供了实现的可能性。

五是完善阶段。企业所有者通常在出现问题时才寻求帮助，系统的教学班和研究机构能帮助企业所有者意识到潜在的问题，并协助他们及时解决问题。

在教育体系中，所有的受教育者都应接受初级阶段的教育，即把创业教育渗透到基础教育阶段，对中小学生及大学生都开展创业教育。可以针对不同阶段的学生，开展由浅入深的教育，使学生从小就对创业有一定的认识，帮助学生了解自我、培养创新创业意识、树立正确的人生目标。而高级阶段的创业教育主要面向创业者和企业家。为此，政府要指导高校为不同阶段、不同层次的学校培养创业教育师资，满足各种类型、各种层次的学校开展创业教育的要求。

（二）本科院校助力师资队伍的建设

1. 健全创新创业教育的组织部门

大学生创业教育活动的组织机构是指高校决策者在高校内部为达成某些教育目标，高效合理地配置人力、财力、物力的机构，而建立健全创业教育组织结构，目的是协调各个环节来实现大学生创业教育的目标。

（1）新生入门时期。对大一新生进行融入学校生活、专业指导等方面的教育和咨询。了解学生的职业倾向，对其理想、能力、入学动机和理由、所学专业等进行综合性理解。

创业教育教师首先要协助学生完成从高中生到大学生的角色转变，明白大学生和中学生的区别；通常刚入校的大学生并不了解所学专业，创业教育教师可以帮助其了解专业性质、专业培养目标、专业的学习价值和将来的前景，激发学生去主动学习，树立正确的社会价值观；让大学生明白职业生涯发展规划的重要性，协助其制定大学四年的生活与学习目标及初步的职业目标，激发其创新创业意识。

（2）中间学习时期。设立创新创业教育课程，开展创业指导讲座，进行创业能力测评，组织团体和个人进行创业咨询；对本校各专业毕业生的就业状况进行分析，帮助学生了解目前的就业趋势，针对有创业志向和条件的学生进行初步创业指导规划。开展创业培训和创业设计比赛，指导学生在实践中体验创业生活。开展创业探索活动，切实提升大学生的创业选择能力和适应意识，加深其对创业的认识，进一步提高人际互动和团队合作能力。增强大学生的自我认识和自我拓展能力，培养大学生的责任感和使命感，帮助其树立正确的成才观和人生观。通过收集相关创业志向的资料，对大学生今后的职业方向做出指引，并为为期四年的学习做出合理规划。

（3）临近毕业时期。搜集、整理和提供各类创业政策和信息，针对性地开展个人咨询和团体咨询业务，进行创业机遇的发现和选择、具有实用性的创业技术技巧培训，进一步提升大学生的创业能力。帮助学生修正创业规划的不合理性，不要认为创业只是创立科技含量高的大公司、大企业，开店也是创业的一种形式，让大学生有合理的创业定位和创业期望标准。根据大学生自我了解、创业志向和对创业的经验，帮助大学生选择毕业后可行性最大的创业目标，树立正确的创业观和择业观。培养大学生良好的职业道德和人文素养，使个人发展和社会需要相一致，和祖国需要相统一。

（4）毕业后的 1 ～ 2 年。为毕业生提供创业相关的政策法律咨询，帮助其完成从大学生到社会人的角色转变。追踪创业大学生毕业后的状况，搜集相关信息，作为今后指导大学生创业的实践经验，并建立创新创业教育评估体系。评估体系对学校今后的创业教育发展有很大的促进作用，它包括全过程的测评、分时期的测评和追踪测评等。对在校生进行创业意愿调查，对创业的毕业生进行追踪调查，对社会进行创业毕业生的评价调查，之后分析和汇总调查资料，然后及时反馈给主管领导和相关部门，这些都是最具参考价值的第一手资料，可为学校教学改革提供关键资料。

2. 组建专门的创新创业师资队伍

一是整合优化现有资源。首先，从现有的就业指导中心、大学生辅导员、优秀学生干部中选拔部分致力于创业教育工作的骨干和精英进行分阶段、分层次的系统培养。这批人员已经积累了一定的经验，并熟悉本校现状，有利于今后创业教育工作的开展。其次，从各院系创业教育相关学科挑选部分代课教师，如管理学、经济学、社会学、心理学等学科的专职教师，从事创业教育的理论研究和应用工作。再次，积极向社会招聘优秀人才，寻求创业指导师或人力资源专家，补充创业教育师资队伍。最后，挑选本校人力资源管理、心理学、经济学、管理学等专业的优秀应届本科生或硕士毕业生进行培养，作为创业教育的后备力量。根据每个人的优势和专业特点确定研究方向，配以相应的培训，形成优势互补的创业教育师资队伍。

二是逐步开展学科研究。在开展第一步计划的同时，逐步完善创业教育的课程体系，着手建立创业相关本科、硕士专业，并加紧培养一定数量、具有硕士学位和创业教育咨询师资质的创业教育专职教师和管理人员。

专业化的师资队伍从事专业性很强的专题教学，如创业心理、创业规划、创业法律知识等，弥补了专职教师从整体上教育教学、对细节没有过分关注的空缺，让大学生在创业的道路上获得更加丰富的知识、实践经验和有效的指导。

（三）教师本身助力师资队伍的建设

由于我国当前创业教育师资数量很少，所以应加强对在职人员的培训力度，建立创业教育师资再教育制度，以发展和提高创业教育师资队伍水平。广义的师资再教育是对在职教师的再教育，涵盖了教师资格的培训和增强教师教育能力的培训；狭义的师资再教育针对已经获得教师资格的教师开展，意在帮助教师扩展知识面、更新知识构成、提高知识水平、提升专业技能，是教师资格培训的必然延续。培训的目的是使教师在今后更好地开展创业教育教学活动，同时有助于提高教师的凝聚力和对学校的认可度。

随着科学技术的快速发展，知识更新越来越快，教师作为知识的传递者，必须不断丰富自己的专业知识和教育教学理论，尤其是创业教育教师，要用现代的教学方式将最有价值的知识教授给学生，为社会培养出高级而实用的人才。

创业教育是一项十分复杂的工作，需要教师有较高的智商和情商，同时具备多方面的综合能力。实习培训是一个通过再学习而使综合素质得到全面提高的过程，主要涵盖以下三个方面的内容。

1. 培养创业意识

创业意识指在创业实践中对个人起到推动作用的个性心理倾向，包括创业需要、创业兴趣、创业动力、创业信念、创业理想和创业世界观等。成功的创业者要具有高度的社会责任感、社会道德感和社会使命感。在创业教育教学过程中，教师要在社会具体发展的要求下，结合学生自身专业、兴趣、特长，培养其创业意识和社会意识。脱离现实的创业是不切合实际的，也是不易成功的。在对创业教育师资进行培训时，要提高教师发现学生创业潜质的能力，让教师协助学生将自己的兴趣、需要、理想同社会发展相结合，理性地对待创业。同时，注重培养学生吃苦耐劳、勤奋踏实、勇于竞争的创业意识，并认识到创业也是就业，是就业的更高层次。

2. 培养创业心理

创业是一项风险很高的艰苦活动，创业过程中必然会遇见这样或那样的困难，也存在全盘皆输的可能性，保持乐观积极的心态是创业成功的必要基础。创业教育师资队伍培训的目的之一就是让教师明白，大学生创业者要具备开拓创新、求真务实、自尊独立、不怕困难、敢想敢干、勇于担当等个性特征。积极向上的个性特征是创业者是否敢干、是否干得好的重要因素。创业心理主要由意志和情感两方面构成，包括独立性、敢为性、合作性和适应性等心理因素。通过创业教育师资队伍培训，使教师在以后工作的开展中，从意志和情感调节角度出发，针对大学生的不同特点，学会正确认识自己、认识社会、认识创业的艰辛，形成谦逊、豁达、顽强的创业心理，拥有积极创新、迎难而上、不肯服输的创业精神。

3. 培养创业能力

创业能力是创业成功的另一个重要因素，其形成与发展和创业实践、社会活动是密不可分的。创业能力是一种综合能力，以较高的智力为核心，以突出的创造性为特征，是创业意识和创业精神的最终结果和具体体现。创业能力包括创业者分析和把握机遇的能力、专业职业能力、信息的接收和处理能力、沟通协调能力、经营管理能力、分析解决实际问题能力等，这些都要求创业者具备较丰富的专业理论知识、经济管理知识和较强的实践能力、实战经验等。创业教育教师通过培训后可以在教学中加入更多实践环节，锻炼大学生科学合理地管理人、财、物、时间和空间的能力，帮助他们发现机会、把握机会，并学会利用和创造机会，提高收集、加工、分析信息的能力和应急公关能力。

以上培训内容是相互联系、相互作用、互为整体的，创业意识是动力机，创业心理是调节剂，创业能力是操作杆，只有相互协调才能发挥最大效用。

第二节　柔性管理法则在民办高校教师管理中的应用

民办高校作为高等教育的重要组成部分，起步晚、底子薄、发展快。如何建立健全科学有效的教学质量监控机制，加强和优化教学质量的有效监控，合理利用现有的资源提高教学质量，培养符合社会发展需要的高级人才，是一个值得关注的课题。在教学质量监控机制中融入柔性管理理念，构建刚柔相济的高校教学质量监控机制是今后高校教学质量监控的一种可行的办法。

一、柔性管理的概念

柔性管理的概念始于柔性制造，是20世纪60年代英国莫林公司提出的。它应用弹性、可调适性等管理手段来应对目前知识经济时代组织所面临的管理问题，强调管理的内在驱动、激励的有效、影响的持久和适应的迅速，重视情感要素、心理要素、服务要素等对人的积极性和创造性发挥的作用，是一种更加深刻、高级的管理，更适合于对知识分子的管理。

质量是民办高校发展的前提，教师是民办高校质量的保证。管理者要根据高校发展的内外部实际环境，改变固有的思维模式，转变自身观念和工作方式，更多地从民办高校教师自身需求、价值取向和心理意愿等方面去理解和展开管理工作，不断进行管理创新，只有这样才能开创高校管理的新局面。

二、民办高校教师管理现状

（一）师资队伍现状

民办高校由于建校时间短、办学资金匮乏、资金来源单一，加上政府对民办学校的政策支持力度不够等，招聘的教师以大学应届毕业生和其他公办高校的退休教师为主，中年教师数量少，中坚力量严重不足，高学历专职教学人员比例偏少，老、中、青教师比例不协调。年轻的刚刚毕业的新教师综合素质不高，退休教师年龄偏大，精力不足，使得青年教师工作艰巨，任务量大，没有太多时间进行自我学习、深造和完成科研工作。再加上民办高校建校时间比较短，还没有形成有效的激励和约束机制，学校内部管理不科学，教师待遇不高，各种福利无人享受，使得部分教师“身在曹营心在汉”。

（二）师资队伍管理现状

从外部环境上看，虽然有不少支持民办教育的政策，但真正落实起来比较困难，还存在诸多的不公平之处。比如，民办高校教师的评优、评职称、进修、科研等不同程度地存在重公办、轻民办的现象。

从民办高校内部的管理上看，由于民办高校发展的时间短，办学的时间不长，管理制度不健全，大部分高校的管理以刚性管理为主，不太重视人性方面的因素，对教师的进修、升迁、职业前景和生活、婚姻、家庭、子女入学及居住条件等各方面的重视相对较弱。

把工资报酬作为留住人才的唯一条件，认为经济报酬就是教师所有工作的目的，也是影响师资队伍管理水平的重要因素。虽然民办高校大部分是青年教师，刚刚参加工作，经济基础差，比较注重薪资待遇，但是用人单位不能把薪酬的高低当作选择工作的标准。

人的需求是多元化的，除了追求经济利益，还有希望得到尊重、自我价值得以实现的需求。民办高校教师与公办高校教师有一样高的文化程度，他们也希望有机会、有舞台让他们施展才华，但民办高校的管理往往忽略教师的工作与生活状况，使很多有才华的教师无法看到自己的职业前景，无法确定自己的发展目标。比如，薪酬制度不公开、升迁及用人家族化等，无法做到去家族化、去老板化、去强权化。

民办高校通过各种制度来规范教师的行为，让教师根据制度来进行各种教学活动，使民办高校的运行逐步趋于规范化和标准化。比如，对教师有学历提升要求、对职称有要求、对科研有任务，这自然无可非议，但民办高校给教师提升学历、职称的途径却少之又少。在派出教师进修学习上有要求，但却投入不足，认为教师进修学习是教师个人的事，使得教师出去学习比在校工作收入大为减少，教师外出的动力骤减。

三、柔性管理策略

（一）完善招聘程序

在招聘时要用平等与择优的招聘原则，引进既有扎实的专业基础知识又有端正品格的人才来改善民办高校的教师结构，提高整体师资水平，在甄选人才的时候需要从知识、技能水平、个性和工作意愿等方面进行考察，尽可能做到“岗适其人，人尽其才”。对于青年教师，主要以择优选聘和培养相结合的原则进行考察；对于中年教师，以教学经验是否丰富，教学效果是否良好，学生是否能够接受作为内容进行考察；对于来自其他高校的退休教师，需要考核其是否可以推进学校科研工作的开展，能否帮助民办高校青年教师提升各方面的素质。这些教师一般是教授而且是某学术方面的资深专家，具有权威性。

（二）更新管理观念

打破传统的“以制度为本”的刚性管理模式，管理过程中以教师为出发点，围绕着晋升、晋级来激发教师的积极性、主动性和创造性。用良好的校园文化形成强大的感召力和凝聚力，吸引教师、留住教师，增强他们对学校的认同感和归属感。教师是一个知识型群体，知识水平高、工作标准高、创新要求高，对自我完善和自我发展的要求也高，所以要求在民办高校的管理中，营造共同的价值观和文化氛围。

通过柔性的管理策略来实现学校规范化的制度管理，让刚性的制度化为教师的自觉认识，通过教师的自我管理和自我约束完成学校规章制度的认知、理解、内化。在管理的过程中尽可能了解和满足教师的需要，依靠教师、尊重教师、发展教师，注重工作中的沟通和相互作用，使教师的想象力、创造力得到充分发挥，释放自身的潜力，实现自身价值，促进学校全面、健康、可持续发展。

（三）创建柔性化的组织机构

用扁平式服务型的柔性组织结构与传统的金字塔式控制型的刚性教学组

织结构，通过精简机构，减少管理层次，加强部门之间的沟通，提高信息传递效率和工作效率，确保下层意见或者建议可以直接向高层领导传递，使组织的能力更加柔性化，从而对教育环境、教育对象、教育内容的变化和反应更加灵敏。

（四）推行科学的绩效考核机制

要想使教师的工作态度和行为符合民办高校的要求，除了刚性的管理制度外，还需要制定有效的绩效考核制度和激励机制，在了解教师需要的基础上把握教师的需求，因势利导，把教师工作的积极性、创造性激发出来，用柔性管理思想建立切实可行的考评工作思路，构建多样化的、科学化的柔性绩效考核机制。

首先，要想建立一套以发展性为主、奖惩性为辅的教师评价制度，可以从学校的实际出发，动员教师积极参与各项规章制度的制定，增强教师的主人翁意识，提高依从度，再运用这些规章制度来约束他们的行为。另外，要考虑制定的制度是否适合民办高校教师的工作性质和工作特点、岗位职责，民办高校教师管理的工作任务和标准是否明确，岗位职责制定是否更为科学。

其次，建立健全有效的激励制度。民办高校要想吸引、开发和留住人才，要制定有效的激励机制，从“鼓舞教师士气，服务教师需要”的角度，分轻重缓急，在不同时间、不同层次上切实满足教师的需要。哪怕是不合理的甚至荒诞的要求，除给予控制和调解甚至拒绝外，还要耐心地给予解释。

最后，还要制定相应的奖惩标准，在考评的基础上，实施奖惩性评价，让教师认同，激发教师工作的内在动机的同时，又施予教师一定的压力，增强他们的危机感与竞争意识。

（五）完善教师薪酬体制

薪酬的高低对民办高校教师的优化起引导作用，民办高校应根据学校自己的财力状况和实际情况，力争与同一地区、同行业的薪酬水平保持一致，并与教师的工作成正比，这样才能吸引和留住优秀人才。在薪酬体制的建立中应该充分发挥激励作用，结合教师职务聘任制调动教师的积极性，大胆向优秀人才和关键岗位倾斜，还要特别照顾民办高校的新进教师特别是年轻教师，这些教师在民办高校的占比较大，在民办高校的可持续发展中起着重要的作用，学校应该在薪酬设计上体现充分的灵活性，从解决教师最迫切的生活问题出发，在有能力的情况下适当调高课时费用，想尽办法培养和留住这些人才。

（六）打造先进的校园文化

校园文化是一所学校特定的精神环境和文化氛围，有强大的凝聚力和感召力，是约束师生的软环境；校园文化影响着教风、学风，也是高校核心竞争力的重要组成部分。把对民办高校校园文化建设具有积极影响的自主性、竞争性、寻利性等特征加入校园文化建设过程中，提高办事效率，催人奋发向上，使所有教职工养成办实事、求实效的工作作风，从而提高学校的凝聚力。

首先，应坚持先进文化的引导作用，弘扬当代中国文化的主旋律，促使现实性和学术性和谐统一，在和谐中形成价值认同，使人产生一种振奋向上的力量，赋予教师权利和完全获取信息的机会，将教师视为“合作伙伴”，相信和尊重他们，为他们提供有挑战性的工作，让工作产生的吸引力留住他们。其次，运用校训内涵孕育具有个性化的大学精神。民办高校大学精神是校园精神的本质属性和内在规定，是学校的灵魂。民办高校要想形成自己的办学特色，就须顺应教育发展潮流，加强人文素质教育，坚持以人为本的理念，以尊重教师的创造力为本，为教师充分利用学校资源去工作、去创造提供便利和可能。

“十年树木，百年树人”，民办高校教师队伍管理是一项全新的课题，是一项复杂的系统工程，民办高校的管理者可以根据教师的特点，通过加强教师管理工作，提高教师素质，稳定教师队伍，促进教师发展，提升民办高校办学的质量，拓展民办高校的发展前景，实现民办高校持续稳定发展。

第三节　本科院校的名师教学团队建设

一、建设教学团队的重要性

“专业个人主义”是教师职业的显著特点之一。在高校中，一门课程通常由一位任课教师来教授，因此，任课教师的专业水平对课程教学起到至关重要的甚至是决定性的作用。这一现象存在诸多弊病：首先，教师把授课当成一种任务，完成即可，往往是单枪匹马，缺乏对授课质量的评估，同时缺乏团队协作意识和必要的沟通，教学内容和授课方式重复性比较大，缺乏足够和必要的创新，长期下去，还会产生厌倦心理以及对学生不负责甚至是敷衍，这对教师自身水平的提高和教学质量的提高都无任何益处；其次，教师仅仅凭借个人的力量很难对学术前沿和相关学科的最新动态进行全面的了解和把握，尤其是不同学科之间的相互关系方面不成系统；最后，这种“一把手”的教学模式容易让高校对教师形成依赖，一旦这位教师离开教学岗位，教学行为极有可能立刻中止。

无论国内还是国际，教学团队的建立和建设已经成为一种共识，这不仅能够提高教学团队中教师个人的教学水平，还能提高教师的整体水平。

随着高等教育精细程度的提高，即使在某一个专业真正将教学质量与学生的学习水平提高到很高的层次，也不一定能够完全满足当今社会对高素质人才的需求。因此，培养尖端人才的最终目的是要解决实际问题，而现实中仅仅依靠一个专业还不能解决实际问题，于是跨学科之间师资的合理融合和整合便成为一个必然的趋势，而学科融合的前提就是要进行教学融合，因此，克服教师的专业个人主义，组建合理的教学团队就成为当前教育改革中的另一个重要趋势。

同时，只有在教学队伍中倡导教师共同合作，共同完成授课任务，形成一种融洽的伙伴关系，改进教学方法和策略，提升教学质量，才能实现从传统的单人承担一门课程的授课任务到团队合作共同完成授课任务的转变，实现从传统的专门化到符合时代发展要求的专门化与综合化并存的转变，形成一种合作共存的新型的教学文化。

高校教学团队建设已经逐渐成为高等教育中重点研究的问题和热点问题，但无论是从高校教学团队的实际建设状况来看还是学术界对高校教学团队建设的理论和实践研究来看，都还处在起步阶段。

二、本科院校名师教学团队建设中存在的不足之处

（一）教学团队倾向行政化

教学团队本是教学一线教师功能化的学术组织，而不是单纯行政化的组

织和教学单位，并且是跨学科整合学校的教学资源，运用协作和合作的方式来共同完成教学任务的学术组织。但是当前大部分地方本科院校中，教学团队的行政化现象较为严重，这些院校忽视了教学团队本来应该具有的功能，而把教学团队看作一个行政机构或者是教学单位，完全依靠上级的行政命令办事，以制度或组织的方式来推动教学团队的建设，缺乏必要的自主性。具体来说，就是上级分配任务就做，不给任务就不做，根本没有关注自身的发展，也没有强烈的自身发展的要求。

教学团队的领导或学科带头人往往是学院职务比较高的领导，或者是领导的助理，有的教学团队直接由院长和书记带领。教学团队的行政化使得团队的凝聚力到底是从学术而来还是从权威而来难以分辨，教学团队成员在进行教学团队活动过程中都比较看重领导的观点，行动变得畏首畏尾，难以放开，而且其思想上也会受到约束和束缚，对开展工作极为不利。在行政化较为严重的教学团队，团队成员的任务多由领导安排，教师的主观能动性和学科优势不能得到较好的发挥。

（二）学科间教学团队发展差异大

国家级教学团队建设的学科分布很不均衡，比如，一些实力强大的院系教学团队数量较多，争取到的学校资源也较多。同时，由于地方高校教学团队建设经费投入有限，造成强者更强、弱者更弱的局面，教学团队的建设也由于院系间的差距分布失衡。本科院校教学团队的学科分布失衡还表现在人文社科性质的学科教学团队的数量比较多，以高科技含量或以科研为主的教学团队的数量比较少。地方本科院校的教学团队以文史、管理、法律、教育等教学团队为主，而化工、工学、农学等学科的教学团队数量较少。

根据上面的分析可知，不同学科的教学团队的发展极不平衡，可能会造成借鉴对象较少的教学团队发展相对缓慢和滞后，而借鉴对象相对丰富的教学团队的发展越来越快，不同学科之间的教学团队的分布不均的现象进一步加剧，这已经是不容忽视的事实。

（三）教学团队与科研团队受重视程度不同

科学研究功能早已和知识传播、服务社会功能并称为现代大学的三大重要功能。随着高校发展中的短视行为以及功利性的价值取向的盛行，逐渐形成“重视科研，轻视甚至是忽视教学”的发展模式和道路。与教学相比，科研具有投入一定的人力、物力和财力，在短期内可以看到效果和成果，而且评价也较为容易、较为量化的特点。而教学的成绩主要体现在教学成果上，教学成果具有相当大的滞后性，在短期内难以见效，评价模式也较为复杂，操作性较差。

另外，当代大学综合实力主要体现在各个学校的科研水平上，因此，各个学校应鼓励优秀教职工积极参与各种科研活动，而学校给予一定的财政支持。当下高校教师在职称评定和晋升中的重要指标就是科研能力和所获得的科研成果，科研成果较少的教师在职称评定方面明显处于劣势地位，而却对教学无硬性规定，只要教师完成自己的教学工作量即可。因此，高校教师所关心的大多是科研课题的申报、立项、论文撰写、结题等，教学研究和教学质量却很少有教师关注，科研和教学的关注程度本末倒置。

（四）相近学科重新组合

地方本科院校的教学团队往往更像一个分工各不相同的教学群体，没有形成团队合力。虽然在职称和资历上，团队成员之间有层次性，但是在具体教学过程中教师依然可以发挥团队教学的力量，然而现实情况是教师在教学中仍然没有克服专业个人主义。教学团队由学科较为接近的院系组成，只是做到了二级学科下几个相近专业的组合，并没有从更深层次上去挖掘跨学科组建教学团队的重要性，教学团队建设没有从根本上突破学科限制，无法对学生进行通识教育。

（五）缺少必要的资金支持

教学团队从创建到成果转化，这一过程中最重要的物质保障就是资金链，一旦资金链短缺或断裂，很容易造成教学团队建设进展缓慢的情况，甚至导致停滞或中断，之前的努力将会付之东流。以某大学为例，如果该大学某一教学团队被评选为国家级教学团队，教育部和财政部联合的中央财政专项资金就会拨付 30 万元的教学团队建设费用，同时学校对国家级教学团队再追加建设经费 4 万元。建设经费分期拨付，首期拨付建设经费占总额的二分之一，中期检查合格再拨付其余建设经费。另外还有不定期、不定数额的省级财政拨款和学校配套经费，因此，对于一个国家级教学团队来说，建设经费是相当充足的，这些经费为其发展提供了充足的资金保障。

但是国家级和省级教学团队仍然在教学团队总数上占很小一部分，在学校中，占大多数的是校级教学团队和普通的教学团队，对于这部分教学团队而言，它们所能得到的学校的资金支持是相当有限的，这就导致团队成员难以培养、教材建设和课程建设滞后、教学团队内部以及跨学校或者跨地区的教学团队之间的有效交流难以开展，使教学团队建设中各方面工作陷入被动。总之，这部分教学团队的建设往往是流于形式，而无实际的内容和进展，造成了教学团队“重申报，轻建设”的局面。

（六）缺乏团队文化内涵

团队文化是团队顺利完成任务的重要保证，是团队是否具有强大凝聚力和战斗力的重要标准，其在很大程度上将较为抽象的社会主义核心价值观通过具体的管理行为和管理方式表现出来，从而真正得到每一位团队成员的认可。

团队成员如果缺乏对团队的深层次认同，当教学团队内部出现矛盾和摩擦的时候，团队领导者往往采取逃避或者是冷处理的方式，目的是保持团队表面和谐相处的景象，这为教学团队未来的发展埋下了祸根。而有的教学团队与此正好相反，其过分强调民主、公平的原则，针对一个问题争论不休，很难达成一致，这样既浪费了时间，又影响了团队的工作效率。以上两类情况在部分教学团队建设中都会存在。这就导致团队成员的潜能不能得到充分挖掘，团队精神难以持续弘扬，创新成果不易产生，团队整体优势难以发挥，可持续发展难以维系。

（七）缺少完备的团队成员评价指标

在当今高校中，衡量教师的标准依旧是对教师进行定期考评，考评的结果直接与教师的切身利益，如收入、福利挂钩，以期能激励教师不断地更新自己的知识结构，与时俱进，从而提高学校的教学水平和科研水平。

当前，大部分地方本科院校采用的评价体系和评价指标过于单一，而且只注重最终的评价结果，不注重评价的过程，只注重量而不注重质。目前两大主要的评价指标是教学的工作量和科研成果。① 作为一名高校教师，完成基本工作量是一件很容易的事情，因此部分高校只是在量上规定，而没有真正从质量上监控和把关，这容易造成教师对教学质量的轻视。另一重要指标是科研成果，具体来说，就是在核心期刊上发表的论文数量，参与国家级、省

① 李祖超，陈学敏．高校教师资源的优化配置 [J]. 现代教育科学·高教研究，2000（2）：52-54.

级和校级的课题等，这一项相对前者而言完成起来难度偏大，因此大部分本科院校教师为了在考核评比中不落下风，纷纷把自己的大部分精力放在科研上，忽视了教学工作，同时严重影响了教学质量。

三、本科院校名师教学团队建设中存在不足的原因

（一）没能充分思考本科院校教学团队建设意义

教学团队作为一种基层的学术组织，是美国在 20 世纪 70 年代应用到高校教学中的。我国真正意义上的教学团队建设是从 2007 年教育部和财政部联合下发“质量工程”文件后，正式提出要“加强和提高本科教学质量和人才培养质量”开始的，起步相对比较晚，因此，目前许多地方高校甚至包括其他高校都存在对教学团队作用和功能的理解存在偏差以及对其建设重要性没有足够的重视的情况。其中，最明显的表现就是部分院校对已经存在的教研室和教学团队的概念、作用和功能混淆，甚至很多高校管理者和高校教师都认为教研室和教学团队无明显差别，这种认识阻碍了教学团队的建设和发展。

对于教学团队来讲，成员之间是无论人格还是对话机会都是平等的，他们的奋斗目标是一致的，呈现出协同合作的态势。因此，团队成员之间的平等是教学团队建设的前提和基础，可以直接激发团队成员的积极性和创造性。

另外，从组织行为学角度来讲，教学团队建设是为了弥补现有的个体教学的不足，通过团队成员的相互交流，促进所有成员的共同发展，并通过不同年龄结构层和学术地位的人员组合，发挥“传、帮、带”的作用。团队的最终目标是更好地培养学生以及更好地服务社会。然而，目前的地方高校在教学团队建设的过程中往往将教育主管部门的考核指标看成重中之重，将政府的资金投入看成教学团队建设成功与否的标志，而忽略教学团队要面临的主要对象——学生，这与教学团队建设的最初目的背道而驰。

因此，对地方本科院校教学团队建设的意义和作用缺乏深入、透彻的思考是导致教学团队建设中出现诸多问题的重要原因之一。

（二）缺乏对高校教学团队准确的目标规划

高校教学团队建设是一个长期的过程，不仅需要硬件基础设施，教学团队建设的外部环境和教学团队建设的制度也需要在建设过程中不断完善。尤其是在硬件、资金和师资等方面都比较薄弱的地方高校，更应该在教学团队

建设中不断完善适合本院校的教学团队建设环境和建设制度。

四、本科院校名师教学团队建设的具体举措

（一）确立名师教学团队建设的目标

首先，教育主管部门在制定教育教学改革规划时，可以将教学团队建设作为地方高校长期建设规划的一部分，确立教学团队建设的目标和工作框架，为高校教学团队建设和发展指明方向。尽管教育部下发的关于质量工程的文件确立了高校教学团队建设的总目标和总要求，但在实际的建设过程中，由于受到各种主客观因素的影响，很多高校、教学团队及教师成员可能对高校教学团队建设的总目标产生误解，从而影响教学团队建设的发展及进程。因此，制定明确可行的教学团队建设的具体目标也应列入教育主管部门的工作范畴。

其次，教育主管部门要免费为高校提供规范以及长期的培训计划，为高校提供定期的校际学习交流的机会，增强教育主管部门与高校之间、高校与高校之间、高校内部教学团队之间的了解，缩短政策制定者与实施者之间、高校教学团队之间、不同学科教学团队之间的距离，从而在教学团队的建设目标上达成共识。

再次，教育主管部门在教学团队建设的学科分布上应做出有前瞻性的合理的规划，关注各学科之间发展的均衡性问题，促进地方本科高校教学团队学科建设的发展。同类性质的教学团队数量过多，容易淹没彼此的优点，使教学团队之间形成一种隐性的不良竞争，在一定程度上形成学术壁垒，不能促进团队之间更好地交流与发展。

最后，针对本科院校理工科难发展和教学团队数量较少的特点，教育主管部门要加大资金投入力度，针对性地出台扶持此类学科教学团队建设的政策和举措。本科高校要想促进地方经济的发展，就要结合当地的实际情况，有针对性地培养实用型和创造性的人才，要适当地扶持对地方经济建设有重要作用的学科，重点扶持地方高校实用性薄弱的学科，加大实用学科的资金投入及硬件设施建设，改善科研环境。同时，还要鼓励本科高校引进相关学科的专家型人才。为了避免人才引进流于形式，教育主管部门还应出台具体的政策，给予引进的人才物质待遇、职称评聘等方面的支持与鼓励，以专家

为核心组建临时性的教学团队，带动师资薄弱的教学团队成长，为这些教学团队的发展营造良好的制度环境。

（二）推行名师教学团队建设评价制度

首先，完善教学团队建设的管理考核制度。教育主管部门对本科高校教学团队建设的考核要从考核周期和考核指标两个方面齐头并进。考核目的主要是监管，评定内容主要是评定该教学团队是否合格，合格则予以支持，不合格则可能取消其资格。考核周期要根据学科性质和特点来确定，要给予教学团队足够的发展时间。对一些出成效比较慢的学科，要分阶段对其学科建设情况进行考核。另外，将学生培养质量作为考核的主要指标。对学生质量的测评是衡量教学团队实际结果的一个终端指标，也是衡量教学团队建设指标中最根本、最重要的一项，可以通过主观和客观两个方面来衡量。主观方面就是要充分尊重学生的意见，让学生评定教学团队构建前后教学质量的变化；客观方面是要结合教学团队建设培养学生的基本目标。如果教学团队的建设目标是培养学术性人才，那么就要看该团队指导下学生的科研能力，可以通过各类成果、学术论文的数量和级别来衡量，也可以通过科研机构的升学情况来反映。如果教学团队的建设是为了培养实践型人才，那就要从学生的就业情况、学生的社会实践情况等多方面来衡量。无论从哪个方面来衡量，都要把学生在教学团队构建前后的变化作为评定教学团队建设情况的最基本和最重要的指标。

其次，完善教学团队建设的评价制度。根据团队学习理论，教学团队建设评价应强调过程性评价、即时性评价和解释性评价，并且以团体评价为主，使团体评价与个体评价相结合。教学团队建设评价分三个阶段进行，分别是前期、中期和后期。在前期评价阶段，评价的重点应是团队成员现有情况及教学和科研情况等；在中期评价阶段，评价的重点应是教学团队的具体实施与建设情况，对教学团队中的全体成员及经费使用情况等进行全方位的监督；在后期评价阶段，除了进行显性的评价外，还要进行隐性的评价，如教学团队成员间的配合默契程度、教学团队精神和文化的形成、教学团队整体抗挫折能力等。

最后，要确定教学团队建设期和检查期，细化评分标准。目前，大部分地方院校教学团队的评审和验收都是在建设期满由所在地方院校组织校内专家来完成。除此之外，还可以让省级教育主管部门适当参与地方高校的教学团队的评价工作，并且进行有效指导。因为教学团队的建设和评价是动态的，情况是在不断变化的，这样做对下一步关于评价方面的文件制度的修订有很大帮助。

有效的教学团队建设最好能在中期或者是在建设期间有 1 ～ 2 次验收，合格继续，不合格停建，验收的标准要细化，包括科研、教学、科研成果转教学成果等，经费的下拨也要分次、分批，建设期一般为 3 年。同时，还要结合各类本科高校的历史、办学水平、学科建设、文化传承等实际情况，分门别类地制定教学团队的评价标准，如理工类、经济类、文科类等，学科不同，其评价标准也应该有所区别，这样才能体现出各个学科教学团队的特点，才能避免所有高校教学团队的评价指标无差别化，同时对高校教学团队评价时采用共性与个性相结合，使其有更高的适切性和适应性，真正达到建设教学团队的目的和意义，而不是流于形式和完成任务。

（三）重视名师教学团队建设对人才培养的积极作用

首先，有利于提高高等学校教学效果和质量。随着高等教育大众化，高校教学改革势在必行。而教学团队的出现，则把具有不同专业背景的教师有机地联系在一起，有效地推动教师之间的相互协作，从而大大提高高等学校教学效果和质量。在教学团队中，大家可以就各自在教学中遇到的问题进行交流、探讨，并将新的教学理念运用到教学实践当中，这样有助于加深对“教”与“学”的深层理解，增长专业知识，加强专业技能，改进教学策略，促进实际教学水平的提高。另外，还可以团队为基础对学生进行综合培养，通过群体的智慧凝聚、优势互补，使教师集体力量得到有效整合，从而提高处理复杂教学问题的能力，提升人才培养质量。

其次，有利于专业建设与提升教师的专业发展水平。当前，学生对知识的需求越来越多样化，教学内容不断向“基、精、深、新、能”方向发展，加之信息技术引入教学系统，使得任何一个教学系统都会变得更加复杂。这就要求高校要加强专业建设和提升教师的专业发展水平，打造一支教学经验丰富、学术造诣深厚的教师队伍，以及一系列结构合理、爱岗敬业、团结协作、具有创新思维和创新能力的专业教学团队。利用他们在教学和学术上的优势对青年教师进行引领和示范，形成“名师带头，团队作战”的培养模式，发扬“传、帮、带”的作用，提高团队成员的教学水平和能力，造就一大批承上启下、富有朝气的教学骨干，促进教师队伍整体素质的提高。

最后，有利于教学资源的有效整合。教学团队建设是高校教学改革发展的必然趋势，它的出现为教学、科研合力的形成提供了有利条件，克服了教研室存在的一些弊端，加强了教师之间的交流与合作，发挥教师各自的优势，促进了教学资源的有效整合。一方面，教师梯队建设可以使青年教师在有丰富经验的老教师的“传、帮、带”中成长；另一方面，老教师也可以在与青年教师资源共享中更新知识和观念。

团队中通过交流与沟通实现教学上跨学科、跨专业的合作，彼此之间通过不断的学习，发现教材知识和教学内容的不合理、不科学之处，从而有效地促进教材知识和教学内容的整合。

（四）制定相关政策与制度

首先，正确处理好教学团队和科研团队的关系。教学与科研是高等学校，特别是地方本科院校的两大基本职能，两者密切相关，但又具有独立性，教学团队和科研团队也正是在此基础上发展起来的。教学团队与科研团队属于性质不同的教师队伍，科研团队强调的是科学研究领域，它的建设是以科研为核心，注重科研评价的量化标准，科研成效显现；而教学团队主要是围绕学校教学，它的建设是以课程为核心，评价标准多种多样，教学成果具有滞后性和长期性的特点。因此，高校要从战略和全局的高度出发，正确处理好教学团队与科研团队的关系，促进教学团队与科研团队整合，充分发挥教学团队开展科学研究的功能、科研团队开展教学育人的功能。① 同时，高校还要重视教学团队的建设，加大对教学团队的经费投入，形成教学改革合作机制，改革教学与科研的评价与激励机制，建立健全教学团队与科研团队相对独立的管理体制与运行机制，使两者更好地为培养科技创新人才服务。

其次，制定宽松的政策与制度，确保教学团队的自主权。宽松的政策和制度环境是保证教学团队高效、有序运行的关键。目前，我国高校内部行政权力与学术权力相结合的现象阻碍了教学团队的建设与发展，削弱了教学团队的自主性与独立性。因此，高校在教学团队建设的具体工作中，要克服泛行政化管理倾向，赋予教学团队学术自主权，让教学领域的学术权力得以回归。高校的教学管理机构和管理者要进行角色转换，要从发号施令者转换为教学团队的指导者、服务者和支持者。另外，赋予教学团队特别是带头人

① 郑卫政．建设高水平教学团队的组织策略 [J]. 宜春学院学报，2009(1)：34.

“资源配置权，如各种资金、人力资源的使用权，信息接触的权限等”[①]，保证教学团队的正常运转。同时，学校的领导层要为教学团队的建设提供良好的制度保障，为教学团队建设提供有意义和有针对性的建议和指导，而不是试图去控制教学团队的建设。

最后，成立独立的组织和机构来管理教学团队。目前高校教学团队的管理工作多落在教务处或教学科，造成管理工作混乱的局面。所以，建立学术指导委员会或教学团队建设办公室等独立机构来管理教学团队势在必行。

（五）提出名师教学团队建设的具体要求

首先，对教学团队建设做出合理规划。要想建设高效的教学团队，除高层倡导和规划之外，学校自身的规划和管理也很重要。学校可按等级对教学团队建设做出合理规划，给教学团队及其成员提供更大的发展空间。例如，可把教学团队分为三级：学校一级——准备申报国家级教学团队或准备申报国家级质量工程项目；学校二级——准备申报区级教学团队或准备申报区级质量工程项目；学校三级——准备申报校级质量工程项目。同时，还要从本校的实际出发，通过制定系统的规范化要求来协调教学团队建设，规范约束和引导团队成员的行为取向、业绩目标，包括组织纪律、资源配置、岗位职责、绩效标准、考核聘任方式、奖惩约定、教学研讨制度等。

其次，整合多学科优势资源。整合优势资源主要是要求各地方本科高校将最优秀的资源有效地整合起来。值得注意的是，整合并不意味着简单地合并和叠加，而是要看到各类资源之间的共同点和整合的可能。通过这种强强联合，进一步将优势学科和优势教学团队的价值发挥到最大，同时起到带动弱势学科的作用。多学科整合就是要打破传统意义上的学科限制，克服学科内部重新组合的弊端，尽可能挖掘文理科教学团队之间的相通之处，在跨学科的教学团队建设中促进教学知识结构的重建，形成一支可以对学生进行通识教育的高水平教学团队。

最后，鼓励校际的团队进行合作。教学团队的建设中并不能只注重地理上相互接近的群体，还要挖掘成员之间的长处和对团队目标的作用。高校教学团队建设更是如此，只要服务于提高教学质量这个根本目标，且教学团队成员之间确实具有互通有无、相互促进的作用，就要鼓励这种合作。尤其是

① 匡玉梅.论高绩效教学团队的建构[J].当代教育论坛，2009(5)：79.

校际合作，完全可以因为团队的一个临时性的目标而吸纳一部分外校的成员，组建临时性的教学团队，当临时性的任务结束之后，还可以恢复原先的团队结构。这种临时性的吸纳对本校教学团队的建设非常有必要。因为高校教师生活在不同的文化氛围中，必然会形成一定的文化定式，适当地促进学校间的文化交流，也可以为教学团队注入新的活力，促进教学团队向着更好的方向发展。

（六）建立监督制度

首先，建立发展性与个性化的评价机制。教学团队评价机制建设应注重教学的长期性和成果的滞后性两大特点，侧重于本科高校教学团队今后发展和教学水平的提高，改变以往只关注过去一段时间教学业绩的评估方法和标准。在评价内容上，既要注重对教学团队课堂教学、实验教学、课程改革等显性成果的评价，又要注重对学生素质的提高、学生能力的培养以及团队带头人的影响力、团队的凝聚力等隐性成果的评价。[①] 在评价方法上，要实施发展性教师评价，消除教学团队成员之间的恶性竞争，实现教学团队成员间的真诚合作。推行“教师教学评价得分＝课堂教学评价得分＋课程评估得分＋专业评估得分”的制度，把教学团队成员的教学评价与课堂教学、课程建设和专业建设结合起来，更好地促进教学团队成员自身专业的发展以及教学队伍的可持续发展。另外，教学团队的评价制度要突出个性化以及本校化，根据学校的性质、办学水平、历史沿革以及学科分布等特点，制定出适合本校的教学团队评价制度和体系。

其次，建立教学团队的全程监控制度。全程监控制度是教学团队建设管理的重要组成部分，对教学团队进行多方监控时要从发现问题、解决问题的角度加以落实。实行学校主管部门、教学团队内部、学生代表三位一体的监督模式。学校的主管部门要对学校内所有的教学团队进行定期检查和不定期抽查。教学团队内部要实行定期的自我检查和交流汇报制度，团队成员要定期向团队领导汇报工作进展以及工作中的难点，同时团队领导要针对成员提出的问题进行核实并及时沟通解决。团队成员对教学团队带头人的工作情况有权进行评价并提出意见和建议，并可以将相关评价向教学团队的主管领导反馈。学生对教学中的意见既可以反馈到教学团队的主管部门，也可以向团

① 都光珍．加强教学团队建设的思考[J]．国家教育行政学院学报，2009(1)：29.

队带头人或团队成员直接反馈，从而及时改正教学团队建设中的不足。

最后，建立阶段性定期汇报及审查制度。阶段性定期汇报及审查制度可以使教育管理部门对教学团队建设的过程进行有效的管理，把握教学团队的发展阶段，督促教学团队建设工作稳定有序地进行，还可以针对教学团队成员的工作业绩或不足及时调整管理措施，为团队的进一步发展打下基础。

（七）明确名师教学团队建设的内容

团队建设理论认为团队成员是团队中最核心和最重要的力量，是实现团队既定目标的具体实施者和操作者。教学团队是由教师组成的一个学术组织，要建设高水平的教学团队，必须加强教学团队建设，具体包括团队带头人的选择、团队规模的确定、团队结构的优化以及团队文化的形成等。

首先，确定团队带头人。团队带头人是教学团队的领头羊，在高校教学团队建设和发展的整个过程中起着关键性的作用，也是团队各项工作的领导者、组织者和实践者。在团队带头人选拔方面，应采用外引内联的方式来扩大选择范围，依据一定的软指标和硬指标，体现公开、公平、公正的原则，使选拔的教学团队带头人除具有较高的学术造诣和丰富的教学经验外，还要具备较好的组织协调能力、创新能力和合作精神，在教学团队中有较强的凝聚力和亲和力。在教学团队带头人培养方面，应建立一套有效的育人机制，鼓励已有一定学术水平和优势的中青年教师担当团队带头人或骨干，或对有发展前途的中青年教师培养对象委以重任，如让其担任国家级或省级重点学科、重点实验室负责人等。归纳起来，团队带头人应该有以下三项基本素质，即“3A”。具体内容如下：其一，团队带头人要是一名出色的学者，并且要求是本领域和本学科的专家，在学术上有较高的造诣，在教学和科研上都有较高的水平，有丰富的实践经验；其二，团队带头人要有出色的能力，这里的能力并不单指学术能力和水平，更重要的是在团队内部处理各种突发和非突发问题以及各种技术问题的能力，同时包含处理各种复杂的人际关系的能力；其三，团队带头人能够使用一切手段缩短自己与团队成员之间的空间距离和心理距离，消除畏惧感和隔阂感，增加亲和力，使团队的每位成员都能感到团队带头人的平易近人，很容易接触和靠近，这样才有助于团队工作的顺利开展，更有利于团队成员之间以及团队成员与带头人之间的有效沟通。对团队带头人来讲，有利于零距离地了解团队成员的情况以及思想变化。

其次，确定合理的教学团队规模。合理的教学团队规模是有效地完成教学团队建设工作的基本保障。同时，合理的团队规模也能保证团队成员之间的有效沟通，避免不必要的冲突和成员之间的误解，共同促进教学团队建设。教学团队必须由一定数量的成员组成，成员在教学技能、教学经验和教研能力方面应有一定差别，以实现团队的技能互补和成员技能的共同提高。教学团队的具体规模应该做到一般与个别的相互统一。具体来说，教学团队规模越小，其成效与效率越高。通常，超过 10 人的教学团队，其合作成效和效率就会大打折扣。也就是说，高绩效的教学团队规模一般都不是很大，成员最好不要超过 10 人，否则就可能影响团队成员之间的沟通和交流，难以在团队中形成凝聚力、战斗力。还有一些专家认为，在基本能够完成团队任务的前提下，团队的规模越小越好，而当前学校以及教学团队的管理者普遍带有“团队规模越大越好，人多力量大，能更好地完成任务”这种带有偏见的认识和观点。在具体的教学团队组建的时候，应该把教学团队所开展的教学任务的难易程度和工作的复杂程度作为确定团队规模的重要指标。通常，一支教学团队中应该包含 1 名团队学术带头人、2 ～ 5 名团队的教学和学术骨干、2 ～ 3 名中青年骨干教师，外加 1 ～ 2 名辅助人员，团队人数应控制在 10 人左右。

再次，确定团队的基本结构。团队的基本结构是发挥教学团队功能和作用的前提和保证，所以应该对教学团队的基本结构，如年龄结构、职称结构、学历结构、知识结构和综合素质结构进行整合和优化。具体来说，地方本科院校教学团队成员在知识技能、年龄、个性、职称上应该具有较强的互补性和梯度差别，团队中既要有在学术界享有盛誉的学术造诣高的专家教授，又要有年富力强、有活力和潜力的中青年教学骨干，打造一支梯队层次合理的教学团队。这样既可以发挥中老年教师的“传、帮、带”作用，使优秀的教学经验得以传递，提高青年教师的教育水平，又可以使中老年教师从年轻教师的身上学习到新的教学知识和技能，改变不合理的知识结构等。这样的教学团队有较强的互补性和融合性，从整体上可以提高教学团队的绩效。

最后，形成团队文化。群体凝聚力理论认为，和谐的团队文化是一种无形的力量和动力，能够使团队成员的知识、能力、积极性等方面朝着团队既定的方向去聚合，以形成强大的团队凝聚力。而高校教学团队的成员都是高素质的并且需要高度精神认同的教师，他们面对的是一些复杂的教改项目或者原创性教学科研成果的创新工作，需要集体的力量和智慧，没有良好的团队文化，没有团队成员对团队的归属感，团队运作就不会成功。可见，团队文化建设在地方本科院校教学团队建设中同样不容忽视，良好的团队文化不仅使团队成员具有高度的组织认同感和归属感，而且具有强烈的工作热情和创新欲望，并能够与其他成员进行合作和分享。因此，团队内部要营造一种和谐的团队文化。第一，构建一种平等对话的平台。任何人的知识都是有限的，没有绝对的知识权威，否则教学团队就没有存在的必要，应该在教学团队中让每位成员完成不同的任务，让成员之间形成彼此尊重和信任的对话关系，真正地为团队贡献力量。第二，加强沟通理解。本科院校教学团队要建立稳固的内部沟通渠道，通过正式与非正式沟通，加强成员间的教学沟通和人际沟通。第三，形成良好的合作机制。在教学活动中，不必考虑职称、资历、行政职称、上下级关系等因素，团队成员之间可通过平等而有效的对话、讨论、集体备课、观摩教学等多种方式，实现团队中知识、经验、教学资源的共享。

第八章　高校经济管理专业教学模式与方法的改革与创新

随着我国经济的快速发展，社会对经济管理类专业人才的需求不断增加。理论基础扎实、具有较强动手能力的应用、复合、创新型人才成为高校人才培养目标。我国经济管理类专业实验教学发展时间短，在现实教学过程中普遍存在着轻视经济管理类实验教学的观念、实验开设较少等问题。因此，探究高校经济管理类实验教学改革具有重要的作用。

第一节　高校经济管理专业课堂教学改革的思考

一、高校经济管理专业人才培养目标

随着我国高等教育的逐渐普及，我国高等教育开始从精英教育向大众教育转变，相应地，我国经济管理专业的人才培养目标也从培养管理型人才逐步朝着培养应用型人才的方向转变。当前市场环境需要经济管理人才不但具备扎实的专业理论知识，而且具有非常高的应变与决策能力。与此同时，随着我国高校毕业生的逐渐增多以及就业形势的严峻，越来越多的经济管理专业的毕业生开始走向操作性岗位中去，只有少部分经济管理专业的毕业生进入管理型的工作岗位。这样一来，就需要经济管理专业的学生具备较强的动手能力、灵活应变能力以及适应能力。

二、高校经济管理专业实验教学现状

（一）教学方法刻板

现如今，伴随着我国社会对经济管理专业复合型人才需求的不断增多，我国大部分高校投入大量的资金，建立起耗资巨大的实验室，激励教师主动积极地尝试实验教学。在传统课堂教学中，教师主要采用课堂讲述、问答讨论等教学方式。即便到实验室中开展课堂教学，这些教师也是以课堂讲述为主要方法，以演示法、参观法等常规方法为辅助手段。这样的实验教学，缺乏应用沙盘推演、投资模拟等先进灵活的方法，即使在实验室中进行教学，也不能摆脱传统教学模式的束缚，学生看到的要比自己亲手操作收获大，不利于培养学生的自主动手能力，不利于培养学生的创新能力，不利于培养学生的实践技能，直接降低了实验教学效果。

（二）教育理念传统

教学过程中，大部分教师始终保留着传统的教育理念，重视理论、轻视实践，将实验教学当成理论教学的附属，思想上并未充分重视实验教学，造成学生的动手能力以及创新能力不强的事实。经济管理专业大部分课程属于实践性较强的课程，传统的以理论教学为主的教育模式已经无法完全适应社会发展的需求。为了改善这样的情况，一定要转变传统落后的教育理念。

此外，大部分高校当中还存在实验教学管理体制不健全的现象，大部分实验室从属于各个系、部以及学院，出现各自为政的现象，学校内多个实验室之间缺少协作，造成实验资源无法充分利用或者重复建设，有些甚至无法开展实验课程，这些问题直接影响了高校实验教学效果。所以，在高校实验教学管理体制的改革中，建立合理配置、资源共享、运行高效的实验教学管理体系显得非常重要。

（三）教学体系不完善

大部分高校经济管理专业实验教学多依附于理论教学基础，未形成完善、独立的实验教学体系。正因为经济管理专业的实验教学起步晚，大部分实验课程逐渐加入人才培养计划中去。实验课程在教学内容、教学实践等方面与理论课程脱离，无法良好地融合起来。另外，传统经济管理专业实验教学大部分将验证课程理论当作目标，实验教学单纯作为理论教学的巩固手段，根本没有从人才培养的需求与整体来建立完善的实验教学体系。

（四）教学师资匮乏

各个高校实验室的人员数量并没有随着学生的扩招而增多，普遍存在实验师资匮乏的现象，导致实验室工作人员工作压力大，无法对学生进行认真指导，也没有时间提高自身的专业素质。高校经济管理专业实验教学教师大部分是由理论教学的教师兼职，由于传统观念上轻视实验教学的影响，造成实验室工作人员素质参差不齐，甚至将部分无法胜任工作的人员安排到实验室当中进行工作，从而影响了实验教学效果。实验教学对教师的要求是不但要精通理论，而且要熟练掌握实验技巧，并且经济管理专业实验在内容准备、实验辅导等方面需要投入比理论教学更多的时间与精力。然而，满足上述这些条件的教师数量较少，所以实验师资匮乏成为制约实验教学发展的一大问题。

（五）监督体系匮乏

实验教学当中，学生一般都是被动接受，评教也并未引起学生充分关注，一般都是在课程结束之后开展简单的评教工作，导致评价体系过分形式化。各个教学单位的监督体系匮乏，造成客观评价监督人员缺乏。

三、高校经济管理专业教学改革

（一）采用多样化教学模式

1. 开放性教学模式

开放性的实验教学模式中不但需要教师为学生在教学实践以及课外时间提供实践学习的机会，而且要为学生开放教学软件与教学内容。这样一来，基础较差的学生可以按照自己的实际学习情况，利用课外时间到实验室当中进行补习，基础较好的学生可以根据需要，开展设计性与综合性的实验练习，这样不但可以满足基础差的学生的需求，而且可以满足基础好的学生的需求，真正做到因材施教。

2. 共享性教学模式

此类教学模式就是利用学校的局域网以及中国教育网为学生提供实验室中的数据资料等，实现广义上的资源共享。现如今的学生中大部分配置了电子工具，可以在实验室之外的地方进行练习，如此一来，不仅可以节约实验教学的成本，还可以提高学生的学习效率。因而，教师可通过相关网站提供优质资源，促使学生提高学习效率。

3. 梯度式教学模式

梯度式教学模式是在实验教学当中开展分层教学。实验教学过程中，按照学生掌握理论知识的不同层次，设置不同的实验教学内容。

第一，演示性的，具体是将模拟操作作为主要形式；第二，设计性、综合性实验内容；第三，利用实验工具在教师的帮助下进行科研课题研究。

（二）及时更新教育教学理念

高校一定要转变教育思想观念，提高对实验教学的认识水平。高校领导以及教师一定要将实验教学摆在与传统理论教学相同重要的位置上，转变以往的“经济管理专业实验教学可有可无”的错误认识，树立起实验教学与理论教学都不可或缺，需要平等看待的教学理念，这也成为促使经济管理专业实验教学工作不断发展与进步的关键。在加强高校经济管理专业实验教学改革的过程中，一定要注重传统理论与实验教学两方面的结合。

首先，不断丰富实验教学内容，将实验教学的教学情况当作教师考核的重要参考依据；其次，根据实验教学的实际需要，将建设与发展实验室归入高校学科建设当中来，将实验室建设在学科建设当中的地位与作用凸显出来，促使实验教学逐渐从单纯的技能性训练过渡到创新性训练，进而提高学生的创新思维能力。

（三）完善实验教学体系

通常来讲，实验教学活动包括对实验内容的介绍以及实验过程两部分。具体包括怎样介绍实验内容、怎样指导实验过程及如何考核实验结果等环节。按照多个高校的改革经验来说，经济管理专业实验教学活动当中包含基础型、综合型、开放性等实验类型。对于这几个实验类型，不能生搬硬套，而需要严格按照学校的实际情况，进行适当的取舍。

经济管理专业基础实验大多安排在大一和大二，主要是因为基础性实验较为简单，这时候开展基础性的实验不仅可以激发学生的学习兴趣，还可以巩固学生所学习的理论知识。经济管理专业的专业性实验大多安排在大三阶段，在大三阶段，许多学校的经济管理专业都开展了对应的专业课程。这个时候，应该在学生学习完专业课程之后就安排对应的实验。在实验当中让学生熟练掌握实验的基本运作流程与基本技巧，进而为将来的综合性实验的开展打好基础。

（四）组建完备的师资队伍

实验室建设与管理过程中最为活跃的因素就是人力资本，高校实验教学改革的发展不能离开师资队伍的建设。只有具有一支优秀的实验教学队伍，才可以提高教学质量，才具备稳步向前发展的力量。要想加大实验教学改革力度，一定要重视建设基础知识扎实、技术高超的教师队伍。现如今我国高校实验教学无法全面配备专业的实验师资，主要依靠理论教学的师资队伍，这就需要不断加强对现有师资实验教学技能培养的力度，积极引入一批专业指导教师与专业实验人员，不断提高实验教师队伍的实验教学能力，提高实验教学质量。

第一，安排青年教师深入企业、事业单位进行锻炼，参与社会实践，进而提高实验教学效率；第二，将企事业单位的实务专家引入学校，计划性地为实验课教师开展实务讲座与培训活动，提高实验教师的实验教学能力，促使教师教学深度与广度获得统一；第三，利用外引与内培相结合的方法，培养大批中青年学术骨干，逐步培养一支优秀的实验教学队伍。

（五）变革考核方式

先进的考核体系可以激发学生的实验学习兴趣，大大提高学生的实验动手能力。经济管理专业实验教学过程中，要将提高学生综合能力作为目标，设计出多元化的综合课程考核体系以及项目考核体系。

考核的指标一定要重视长期效应，重视独立思考，对学生的实践能力进行考查；重视考核学习过程与技能应用；重视考核学生自身体验与反省；重视考核学生的学习与创新能力。总体的考核体系以促进学生认真完成实验作为目标，并把定量与定性考核良好地结合起来；共性考核过程中要重视个性的考核。整个考核过程中，学生要有一定的打分权利，如此才能够调动学生的积极性。

总而言之，经济管理专业实验教学起步时间晚，存在理论教学与实践教学不平衡的问题。经过不断探究，从丰富实验教学模式、转变教育思想、及时更新教育观念、建立完善的实验教学体系、加强师资队伍的建设、改革实验考核方式等方面做好实验教学改革。每一个高校的实际情况不同，改革经济管理类实验教学的侧重点也应不同，可是不管如何，经济管理类实验教学作为教学体系与人才培养的重要构成部分，一定要不断进行完善与改革，从而满足社会发展对经济管理专业人才的需要。

第二节　投资学课程教学改革

随着我国本科教育的逐渐普及，本科教育目标也从精英教育转向大众教育，同时本科教育逐渐在不同层次的高校中产生了“分层现象”，即同一专业、同一课程的本科教育质量参差不齐。产生这一现象的原因是多方面的，既包括院校办学条件、行政级别、所处区域、资金实力、政府扶持以及由此导致的生源质量等客观因素，也包括专业及课程的规划者、设计者和执行者的专业能力、教学经验、教学视野等主观因素。

投资学课程是分层现象比较明显的一门课程。当前投资学课程普遍存在于“985”、“211”和一般省属以及地方所属的高校金融类专业的课程教学规划中，甚至部分高职类院校的财经类专业也开设了这门课程。理论上只要依据不同层级学生的知识基础和未来主要发展方向进行课程知识体系的合理分解、编排，辅之相应的合理教学手段，投资学是可以普适于各类院校金融类乃至财经类专业教学的。不过，当前投资学课程的教学现状在谋求转型的部分本科院校以及新设立的本科院校的执行过程中还不尽如人意。

一、投资学课程分析

（一）投资学概念界定和课程内容

就经济管理专业而言，相应的应用型本科教育是指在学生建立了基本的专业知识体系基础上，通过教学过程中的实践思维和技能训练导入，使其具备应用已学的知识解决日后工作中可能遇到的各种情境和问题的能力。对于应用型本科金融类专业的学生而言，具体表现为学生今后若处于商业银行的支行理财经理、证券公司的投资顾问、保险公司的客户经理等不同金融行业的工作岗位时，能够根据所学的知识和日常学习中要求保持的开放式学习思维，根据情境的不同来解决实际工作问题，更有效率且能保证质量地完成工作任务，为客户和雇主创造价值。

基于这一论述，应用型本科的投资学课程内容应该围绕上述所讲的学生培养目标进行设计，这一问题涉及以下两个方面。

第一，投资学的投资概念界定。投资在微观领域包括实体投资和金融投资，前者的专业开设主要涉及投资经济、工商管理和会计系 / 学院的财务管理专业，后者涉及金融系 / 学院，显然本书所探讨的投资学的投资指向金融投资。需要说明的是，伴随着金融机构客户争夺战和普惠金融理念逐步深入人心，金融产品合约的面值小额分割趋势越来越明显，这一现象反映了金融投资的证券载体化越来越普遍。例如，商业银行、证券公司、保险公司、互联网金融平台等发售的资管产品具有鲜明的证券投资产品特征。因此，应用型本科的投资学课程界定在“证券投资”范畴即可。

第二，投资学课程内容。波士顿大学金融与经济学教授兹维·博迪（Zvi Bodie）所著的《投资学》是投资学领域的核心教材，在国外高校和国内高校均得到了广泛的使用，国内高校投资学课程内容主要以兹维·博迪的《投资学》内容为基础。投资学课程内容主要包括七大部分，即投资组合理论与实践、均衡资本市场、固定收益证券、证券分析、期权期货、其他衍生证券以及应用投资组合管理。

（二）投资学课程目的

投资学是一门研究标准化金融资产的风险和定价的学问，在金融学专业和投资学专业的人才培养方案中，其均是重要的专业理论课程。该课程通过马科维茨（Markowitz）的优化理论、威廉·夏普（William F. Sharpe）的资本资产定价理论、罗斯（Roth）的套利定价理论、权益证券的权益定价模型、债券的利率期限理论、期权的布莱克定价理论的讲解，让学生了解投资学的基本原理和相关模型，把握投资学的基本概念和范畴，熟悉投资学的基本方法和技能，具有运用投资理论和方法分析、解决实际问题的能力，为后续相关课程夯实理论基础。

金融行业近年来呈现快速发展的势头，同时我国金融环境也发生了较大的变化，利率市场化改革、宽松的货币政策都为金融机构的发展带来了机遇和挑战。为应对金融环境的变化和客户的需求，金融工具的不断创新发展以及金融行业的发展，要求员工有开放式的学习思维和出色的学习能力。投资学以其完备的理论基础的特点为基础，能够使学生在走入工作岗位后从容应对不断变换的金融市场，快速熟悉并灵活运用创新型的金融工具。

（三）投资学授课对象

投资学的授课对象主要为本科阶段大二下学期、大三上学期的金融学专业、投资学专业的学生，学生在学习投资学课程之前，要完成一些先导课程的学习，包括微积分、概率论与数理统计、金融市场学、西方经济学、计量经济学等。

（四）投资学相关课程

投资学作为金融学和投资学的专业理论课程之一，为了更好地掌握相关专业知识，以便更好地将专业知识应用于未来的工作中，还需要学习证券投资学、期权与期货等课程。

（五）投资学课程特点

1. 基础性

投资学一般安排在高等数学、微观经济学和宏观经济学等基础课程之后，金融市场学、金融工程、商业银行经营与管理等专业课程之前，属于专业基础课，具有很强的基础性。该课程主要介绍基本金融工具、金融衍生工具及三大基本投资理论等内容。其中，资本资产定价模型（CAPM 模型）、套利定价模型（APT 模型）、有效市场假说等经典理论是学生学习其他专业课的基石。

2. 实践性

投资学课程的教学目的不仅在于经典理论的介绍和推导，还应重视培养学生将投资理论应用在实践中的能力。该课程关于股票、债券乃至金融衍生产品的讲解是要引导学生树立正确的投资理念，使他们掌握基本的投资技巧，为将来从事金融行业打下良好的基础。

3. 综合性

投资学以经济学和管理学理论为基础，紧密结合统计学、管理工程等学科，是一门研究投资运行规律的学科。跨学科交叉的特点，使该课程在讲授过程中涉猎非常广泛的内容，学生既会接触到商业银行、证券公司等传统金融机构业务，又会涉及项目投资公司的业务。因此，会出现学生的理解水平良莠不齐的现象，无法达到授课预期的结果。

二、投资学课程现存问题

（一）教学对象

投资学课程作为金融学专业、投资学专业的主干课程，开课对象主要为相关专业的大二、大三学生。应用型本科学生有以下特点：相对于以科研为办学定位的本科院校学生，其数理基础较为薄弱，且财经类专业在高考招生时文理科兼收，而文科生对于数学知识较为欠缺。投资学课程中包含大量数理模型以及数理方法，特别是在风险与收益的计量中主要应用了概率论知识，这门课程对学生数学知识的掌握和灵活运用有较高的要求。因此，学生在学习投资学课程时存在一定的畏难情绪，甚至会有学生认为投资学课程就是数学课。学生缺乏学习积极性的状况给教师授课带来一定难度。

（二）教学安排

在制订人才培养方案时，对每个学期学生需修满的学分有严格规定。在学分的制约下，投资学课程有时会提前到大二第一学期，这样就会出现投资学先于先导课程开课的现象，或者出现投资学和先导课程同一学期开课的情况。没有先导课程作为投资学课程的铺垫，投资学课程以及相关专业课程开课顺序没有遵循学习规律来设置，会为学生对投资学的理解和掌握带来一定困难。

（三）教学内容

我国《国家中长期教育改革和发展规划纲要（2010—2020年）》中特别强调“重点扩大应用型、复合型、技能型人才培养规模”。应用型本科的特点即培养应用型人才，即能够将理论与实践结合，将理论知识运用到实践中的人。而在投资学的教学内容设置中可以看到应用型本科的特点体现得并不明显。

笔者通过与不同类型的高校中从事投资学教学的教师沟通后发现，投资学教学中，国外高校主要选用了兹维·博迪所著的《投资学》以及威廉·夏普所著的《投资学》，国内高校主要选用了汪昌云编写的《投资学》以及朱梦楠编写的《投资学》等。课时一般设置为48学时或64学时。教学内容主要包括投资学基础、证券的发行和交易、证券的收益与风险、最优资产组合选择、资本资产定价模型、因素模型与套利定价理论、有效市场假说、证券分析、股票估价、债券的基础、金融衍生工具、证券投资基金等。

孔繁敏在其编著的《建设应用型大学之路》一书中指出：“课程是教学的科目，是教学的内容和进程，是实现专业培养目标的基本单元，专业的人才培养主要是通过课程教学来实现的。”因此，如何在投资学课程的教学内容设置中体现应用型本科强调的强化能力、注重实践的特点是真正意义上培养应用型人才的关键问题，而不是仅仅在教材的编写和大纲的撰写中将“第一章”改为“项目一”，把“了解、掌握”的教学目标改为“能够应用”，使教学工作流于表面。

（四）教学手段

现阶段，投资学主要采用课堂讲授的教学方法，另外结合案例分析和双向互动的手段。通过讲授投资学的概念、证券市场的分类、证券的收益与风险、资本资产定价模型等理论知识，强化学生对基本概念、原理和方法的理解和掌握，从而奠定扎实的投资学理论基础。这种教学方式是当前高校教学中的常用方法。其问题在于教师的课堂讲授时间所占比重过大，学生的学习积极性难以充分调动。

投资学课程包含较为深入的理论，较强的理论性使得在讲述该课程的过程中学生理解起来较为晦涩难懂，因此学习积极性不高。以研究型和应用型为主的本科学生在入校时高考分数不同，学习能力、实践能力、学习兴趣、思考方式、职业规划也有所差异。因此，可对不同学生采用不同的教学方法，这样才能达到较好的学习效果。如何根据应用型本科学生的特点设置合理的教学方法？改变单一的教学方法和模式十分重要。

三、投资学教学实践改革措施

（一）将教学目标具体化

应用型本科的人才培养目标为培养实践性强，能够将理论应用、推广到实践中的人才，将应用性本科的人才培养目标落实到投资学课程的教学目标中，对培养应用型本科人才非常关键。投资学课程是金融学专业、投资学专业等相关专业的重要理论基础。这一类专业学生毕业后主要面向的是金融行业。因此，学校可加强引导，促进二级学院、系部与金融行业相关企业进行合作，为学生提供实习机会，为企业推荐优秀人才，并建立长期有效的双向沟通机制，这是了解企业需求的重要途径。

高校可以通过问卷调查法、深度访谈法了解企业对人才的需求情况。具体包括入职时要求学生具备的基本条件，对成绩的要求以及对职业资格证书的要求。在实际工作中，金融学、投资学等相关专业可以从事的岗位有哪些，相关岗位需要具备哪些专业知识，对专业知识掌握的程度要求，对课程内容的建议以及学生具备哪些方面的能力等。另外，对已经在企业工作的学生进行跟踪调查，从学生的角度和企业的角度了解人才培养状况，以不断改进人才培养方案和课程内容设置。应用型人才在知识结构方面应以行业与职业需求为本位。从企业获得的一手资料对于培实践性强、理论应用能力强的应用型人才来说非常珍贵。

当前，很多应用型本科院校十分注重校企合作，但合作的动因主要是给学生提供更多的就业机会以及建立校外实训基地。企业对人才有哪些需求，学校了解得不够详尽。学校应与企业建立长期有效的沟通机制，深入了解企业的人才需求，在此基础上将投资学课程目标制定得更为具体，学生可以了解为什么学习投资学，通过这门课可以掌握哪些知识，提高什么能力，最终增强学生的学习主动性。

（二）适当安排课程内容

了解企业的人才需求对确定清晰的相关专业的人才培养目标非常关键，但这个过程不能忽略专业教师对整个知识框架的了解和掌控。在制订人才培养方案时，专业负责人为满足每学期学生需修满学分的要求，或由于专业负责人没有对每门课程做到完全了解，课程安排方面可能会出现先导课程提前开课或与先导课程同一学期开课的情况，这都不利于课程知识的掌握。

专业教师长期进行课程的教学和研究，对课程教学内在规律以及其和先导课程、后续课程的关系更为了解，因此，在进行课程安排时，应鼓励专业教师参与课程设置顺序的审核。另外，应给予任课教师更大的权限，对课程内容进行增加和删除。就投资学课程而言，任课教师可以根据企业和学生对课程设置内容的反馈以及专业教师自身对该门课程最新知识的了解，更新课程内容。应用型人才培养目标与学术型人才培养目标不同，学术型人才培养目标偏重理论学习，知识结构侧重学科的系统性和完整性，而应用型人才培养目标不需一味强调理论形式上的完整性。

（三）实践与理论相结合

与学术型本科学生进行对比，应用型本科学生在学习基础、学习特点、思考方式、学习兴趣、职业规划等方面存在一定的差别。通过组织座谈会，得知应用型本科学生希望增加实践机会。因此，根据教学对象的特点，改变当前以教师讲授为主的“一言堂”式的教学模式，增加实践环节在投资学教学中所占的比例尤为重要。当前，投资学教学为增强学生的知识应用能力，采用了案例分析和双向互动结合的模式。但这种模式还不足以调动学生的学习积极性，无法激发学生主动学习投资学理论知识的热情，也不能克服学习中的畏难情绪。对此，根据学生实际，将理论应用于实践的学习特点和培养目标，在每一章节设置实验项目。

当前，诸多应用型本科院校都认识到了实验同样可以应用在经管类的教学过程中，并且建设了相关实训室进行实验教学。但实验教学的核心还是在于实验内容的设计。例如，投资学和其相关课程证券投资学相比，虽然两者都可在证券投资实训室进行，但实验内容却不尽相同，投资学侧重于理论知识，其中包含着一系列重要的理论和模型，而证券投资学侧重于实务，所以设计好课程的实验项目内容是实践教学的关键。投资学的实验项目需根据每一章内容的教学目标进行精心设计，实验项目不在多，而在精，重在激发学生主动学习的积极性。因此，实验项目的选择要注重四个方面：一是与理论知识紧密联系；二是与当前金融市场、金融工具的创新与变革相结合；三是需要学生动手寻找相关资料，通过学习和思考解决问题；四是拓展实验项目。

另外，投资学课程中涉及计算的内容较多，教师在教学过程中应根据学生特点，避免深入的计算推导，主要侧重于如何通过计算解决实际问题，并将这部分内容融入实验教学中，提高学生的参与度，让学生获得解决问题的成就感，以此逐渐缓解学生对投资学课程学习的畏难情绪。

（四）提升教师的教学实践能力

应用型本科投资学教学要求教师有较强的实践能力。而通过对高校教师队伍的构成分析可以看出，高校教师中以博士研究生或硕士研究生毕业后即从事教学科研的情况居多，只有较少部分教师具有企业工作的经历。在投资学的教学队伍中，具有金融行业工作经历的教师占比更小。因此，面对教师自身缺乏实践经验的现状，要培养好应用型人才，就需要教师自身提高实践能力。教师需要走出校园，在金融行业相关企业进行实践，在实践的过程中，将深厚的理论基础与实践相结合，最终应用到应用型人才的教学培养中。

第三节　翻转课堂教学法在财务管理课程中的应用

目前，高校财务管理课程通常采用传统的教学模式，即以教师讲授为主，学生被动接受；教师在课堂上讲授理论知识后，学生学习领会。这种教学模式使学生在知识接受阶段的主动性和参与度不高，因此，学生对知识的掌握及应用能力不强。少数高校在教学中提出尝试和初步实践翻转课堂的教学模式，但目前涉及探讨财务管理专业课程教学采用翻转课堂模式的相关文献较少。

一、翻转课堂教学法在财务管理课程中应用的可行性

财务管理是企业组织财务活动、处理财务关系的一项重要经济管理工作。财务管理课程是高校经济管理专业的核心课程，具有很强的理论性与实践性。财务管理课程以筹资、投资、经营、利润分配为主，围绕财务管理基础、投资管理、筹资管理、营运资金管理、股利分配及财务分析六个部分展开，要求学生掌握财务管理的基本理论、基本方法。财务管理课程的特点决定了翻转课堂应用于财务管理课程教学具有很强的可行性。

首先，翻转课堂是对知识传授和知识内化次序的倒序安排，即在课堂外实现在线教学，并将“作业”带入课堂，以改变传统的教学模式。翻转课堂改变的不仅是教学流程、“教”与“学”的方式，更重要的是对育人目标的重构，促进学生理论与技能的均衡发展。财务管理课程的教学过程包括教师传授过程和学生消化过程，传授过程主要靠教师在课堂上完成，消化过程主要靠学生在课后自主完成，学生可以利用教师已经做好的教学资料提前进行学习，然后带着学习过程中的问题在课堂上解决。

其次，翻转课堂教学模式是将知识的传授放在课余时间，学生可以在宿舍、自习室、教室等场所随时随地观看由授课教师或其他教师讲授的财务管

理课程的微视频，然后将在观看过程中遇到的问题带到课堂上与同学讨论，并在教师的指导下产生思维碰撞的火花。通过这种碰撞，发现问题、分析问题，进而解决问题。由于学生在课前的预习中已经对所学知识有了初步的了解，课堂上教师就不必再花过多时间进行讲授，可以将更多精力用于帮助学生对前面所学知识进行系统化和整体化梳理。学生有备而来，参与讨论便更主动、更有效。采用翻转课堂的模式进行教学，使得学生有更多机会进行团队协作与自主探究，学生自己发现问题、解决问题，有利于他们进一步提高自主学习、主动探索与实践的能力，从而克服学习上的畏难情绪，加深对财务管理课程知识的理解。

最后，将翻转课堂用于评价学生对财务管理课程知识的掌握程度更具科学性。现有财务管理课程的考核形式主要是期末的笔试，此类考试考核的知识面较窄，考核的方式相对简单，很难体现出学生对相对较难理解与实践性较强的知识的真实掌握情况。财务管理课程实践性较强的特点决定了该课程不宜采用单一的方法考核学生，通过课程论文、案例分析、情境模拟、微课制作相结合的方式考核学生，更有利于教师对学生理论水平、实践能力、创新能力等做出科学、客观的综合性评价。

二、翻转课堂教学法在财务管理课程中的实践

（一）课前准备

翻转课堂教学模式给学生安排了课前活动，在上课前，学生需要对教师发放的学习材料进行学习与吸收。翻转课堂这一教学模式对教师和学生的要求比较高，从教师角度来看，教师作为教学的引导者，需要在课前把学习资料合理地安排给学生，在材料的选择上，教师需要慎重考量。通过一系列材料的整合，并根据教师的教学内容和学生的学习习惯，进行学习资料的安排和选择，所以，在课前资料的准备上，教师需要有较高的专业素质。对于学生而言，学生需要学习教师发放的学习资料。在以往的教育中，学生都是处于一种被束缚的状态，在学习上缺乏主动性，在进行自主学习时，学生如果不能及时按照教师安排的资料进行学习，那么这一教学模式的重要环节就出现了问题。因此，学生的学习自觉性的培养是这一教学模式实施过程需要解决的重中之重。

第一，教师在课前应该对课程信息做好规划，帮助学生建立起对这门课程的整体教学内容的印象，尽可能根据学生的学习需求，合理安排学生的学习任务，举一些比较经典的例子，帮助学生更好地将理论与实践相结合，同时也不断纠正自身在教学过程中存在的问题。

第二，教师需要为学生提供学习所需要的资料，包括对之前课堂讨论内容的总结、课后的练习题目以及课前预习的重点，要求学生在上课前完成布置的任务。

第三，根据学生在学习过程中出现的共性问题给学生布置一部分课前讨论题，便于学生准备课堂讨论素材。

（二）调动课堂气氛

教师可以根据不同学生的学习情况成立学习小组，这样不仅有利于教师与学生的课堂交流，还能促进学生之间的沟通。每个小组的人数控制在 4~6 人，这样一来，学生与学生之间的联系更加紧密，同时便于学生解决问题能力的提升。除此之外，教师要活跃课堂学习气氛，并对学生的课堂表现进行评价，这样可以有效督促学生进行课堂讨论，还可以让学生小组派出代表发表自己小组的看法。如此，课堂气氛就得到有效的改善，帮助学生更好地融入课堂中。

同时，教师应该注意学生的课堂学习情况，发现学生在学习中出现的问题后，及时帮他们加以解决。教师作为课堂的引导者，在课堂讨论中，要精心设计小组合作活动，让学生担任企业中不同的角色，充分感受在这样的企业中工作所需要面临的问题，帮助学生进行自我反思，利用课堂内容锻炼学生的工作能力，最终从理论和实践两个方面促进学生综合素质的提升。

（三）注重课后实践

学生的课后实践工作要抓牢，学校可以通过让学生尽早接触相关的工作岗位的方式，让学生对自己的未来有一定的了解，清楚自己未来的工作需要现在所学的专业知识作为支撑。学校可以开展课后讨论活动，让学生通过讨论发现课堂上所学专业知识的不足，教师可以鼓励学生多向从事相关工作的人员请教，这样不仅可以学到课本知识，还可以为自己在未来成为一名合格的工作人员做准备。

通过课堂的讨论式教学，可以很好地帮助学生掌握理论知识和部分业务知识，而课后实践就是让学生在此基础上对业务知识进行强化，提高学生的实践能力。对此，教师需要合理地引导学生，把与课堂内容相关的企业实际案例分享给学生，让学生结合实际的岗位要求来完善自身的专业知识运用能力。

三、翻转课堂教学法在财务管理课程中的教学策略

（一）转变教师教学理念

翻转课堂打破了传统课堂以“教师、教材、教室”为主导的局面，是对知识传授和知识内化顺序的倒序安排。把翻转课堂理念应用于教学实践，可以改变教师和学生扮演的角色，教师不再是授课过程当中的唯一主导和单一的知识传授者，而是学生的良师益友和其在学习道路上前进的引导者。此外，完成知识传授与知识内化的时间、地点也发生了变化。

转变教师教学观念，改良教师的教学策略和方法，使教学能够遵循学习者思维发展的客观规律，以期实现从尊重人、帮助人到发展人的培养目标的转变，真正发挥学生作为教学活动主要参与者的主体性作用，从而推进教学质量的全面提升，提高课程教学活动的实效性。这种教学模式的转变有助于培养高素质、应用型本科人才目标的实现。

（二）做好课程教学安排

在传统的财务管理课程教学活动当中，尽管教师也会安排学生进行课前内容预习，但是并没有给学生指出预习的方法，或是有意识地引导学生预习的思路，因此，学生的预习是盲目的，尽管这种预习也会有所收获，但却是低效的。同时，教师在课堂授课过程中往往会按照自己的教学准备和既定进度讲授知识，因为不了解学生在前期预习当中遇到了什么问题，故而不会对学生课前预习中碰到的疑难问题做详尽的解释。究其原因，体现在两个方面：一方面是传统教学模式自身具有局限性，另一方面是传统课堂教学时间不允许，这就导致传统课堂教学模式下学生的课前预习与教师在课堂上讲授的内容缺少必要的关联性。

在采用翻转课堂教学模式进行教学时，要求教师增加自己的专业知识储备，提升自己的技术能力。就财务管理课程的翻转课堂教学而言，在教学准备方面，首要的任务就是根据财务管理专业的人才培养计划和该课程的授课内容甄选、整合和制作相关教学视频和文字资料，以及根据学生接受能力的

差别，对学生进行分组。学生在课前观看教学视频进行预习，而后根据自己初步掌握的知识点，完成并提交任务书中规定的学习任务，教师根据学生任务的完成情况判别学生在哪些知识点上存在疑问，以便在课堂上有针对性地进行讲解，并为学生答疑解惑，这样学生的课前预习和教师在课堂上的讲授内容能紧密联系在一起。

例如，进行财务报表分析内容的讲授时，教师在备课过程中应当针对性地选取一家具有代表性的上市公司，并且熟悉该公司的概况、行业背景、财务状况和股本结构等，以此为案例教授财务管理专业相关理论。在教学过程中，教师应融入企业经营活动真实画面的还原展示，通过案例引出问题，再结合财务管理专业的课程知识点对问题进行讲解。在案例讨论的过程中，教师不只是复述和解释案例的讲述者，更重要的是作为调动学生的讨论兴趣和开发高级思维能力的引导者，引导学生在观看视频、完成任务书所指定的问题时发现问题，并认真思考，自觉寻求解决问题的路径，结合任课教师在课堂上的点拨以及与同学的探讨，得出相对正确的结论。另外，在讲授财务报表分析内容时，任课教师需要带领学生一起去分析所选取上市公司的资本结构、偿债能力、盈利能力和资产管理能力等指标，通过对这些指标的计算和深入分析，找出财务方面存在的问题，就所发现的财务问题，站在管理者的角度提出该公司未来总体发展方向和优化财务战略。

（三）财务管理课堂授课设计

1. 知识传输阶段

在翻转课堂模式中，专业知识体系的宏观认知及学生自身所接受的学科体系构建发生在课前，因此，教师需要根据本学院财务管理专业的人才培养计划和该课程的授课要求，进行授课内容的甄选、整合，确定授课目标，制作授课教案，核准授课流程，制作相关教学视频和文字资料，编写学习任务书并上传至指定的网络平台供学生下载学习，同时根据学生接受能力的差别设定教学流程，以保证教学活动的正常开展。

学生则需查看任课教师上传的学习资料，自主研习，对随后课堂所要讲解的知识形成宏观印象，并根据教师下发的学习任务书对整体的知识脉络进行梳理，尽可能地理解相关知识点，对教师提供的课前案例进行初步的研究与思考，为翻转课堂的学习做好准备。

2. 团队协作阶段

在进行翻转课堂教学的准备阶段，教师已根据学生接受能力的差别，对学生进行分组，尽可能保证每个学习团队的成员做到优势互补，故而课堂协作学习开展前，团队成员需要进行磨合，认清自己的优势所在的同时，也要清楚自己的短板，并且进行相互了解。

团队成员在相互了解的基础上，共同研究学习授课教师发放的课程资料，并共享学习心得，其中包括全体学习者对理论知识的接受程度、对学习资料中的案例问题进行分析并阐述个人理解等。全体成员在互相尊重的基础上，通过研讨、辩论等形式，有条理、有依据地对所学资料展开论证，结合论证结果，发现自己在知识理解上存在的问题，针对问题和意见出现分歧的地方，再次展开探究。最后，团队成员得出统一结论，撰写并提交学习报告，并在课堂上进行展示。

3. 成果反馈阶段

在翻转课堂的授课阶段，每个学习团队选派一名学生代表进行团队学习成果展示，在学习团队完成成果展示后，全体学生共同探讨，每个人均可以针对学生代表展示的成果提出自己的疑问，发表不同的意见。授课教师收集学生的不同意见，在黑板、展板或多媒体上展示，带动全体学生采用头脑风暴法进行论证，得出正确的结论。各学习团队还要进行课后总结，提交总结报告并交由授课教师存档，以备在学期末对翻转课堂教学模式的效果进行评估。

在成果反馈环节，需要授课教师做好充足的准备，预估各学习团队可能出现的问题，把控好授课效果。之后，引导各团队进行自我反思，借鉴其他团队的观点，重新回顾自己的学习报告，总结收获与不足，完善对知识理论体系的认识。与此同时，授课教师还需要对每个学习团队的表现做出评价，对优秀之处不吝赞赏，对不足之处进行批评指正，以激励全体学生对翻转课堂教学模式的热情。

最重要的是，在这个环节授课教师要针对学生的反馈效果，发现大家在对所讲授章节的理解中存在的问题，带领大家对知识点进行梳理，结合大家没有领会的知识点，有针对性地讲解，以查漏补缺；同时还要为大家在协作中出现的问题提供对策。通过纠错，引导大家自我反思，以提升翻转课堂模式的教学效果。

第四节　角色扮演法在商务谈判课程教学中的应用

商务谈判是一门专业性和实践性很强的课程，其专注于对学生沟通能力、谈判技巧的培养。简单地依靠传统的理论教学是不可能完成其教学目的的，要想最大限度地提高学生的谈判能力和实践能力，就要以一种全新的教学方法来开展教学活动。学校可以课程教学改革的方式，使理论和实践充分结合，让学生亲自参与实践，在实践中掌握谈判技巧，强化实践能力。

一、角色扮演法的内涵

所谓角色扮演法，指的就是模拟谈判，将学生分成若干小组，其中一部分人扮演客户，一部分人扮演商务谈判的参与人员，两者模拟现实中的商务谈判。在此过程中，我们可以看出其教学的主体是学生，学生教学活动的参与性很强，教学期间，教师和学生之间的互动、学生和学生之间的互动都是很有意义的。将此种教学方法运用到商务谈判课程中，主要具有以下几个特征。

首先，角色扮演法是学生掌握谈判技巧的关键所在。基于霍尔文（Holven）博士的理论，即“知识 + 实践 + 反馈技术”的相关理论，学生在理解相关的商务谈判的具体知识之后，要是可以结合实践对掌握的知识进行实操，那么其对商务谈判知识的实际掌握能力将得以增强，其谈判的能力和实践能力也将得到很大的强化。

其次，角色扮演法教学方式开放，循环性很强。与传统意义上的谈判法不同的是，角色扮演的教学形成的是问题—探究—解答—结论—问题—探究的研究性过程。

最后，角色扮演法易于引起学生的兴趣，受到学生的欢迎。角色扮演法受到学生的欢迎是很容易理解的，因为在模拟谈判的过程中，学生接受的不再是简单的理论灌输，而是亲自参与课程、体验课程，对商务谈判的相关礼仪、谈判过程和谈判中存在的问题有了一定的了解，是他们接触未来的一种方式，其新鲜感和挑战感都是激励其投入其中的动因。

二、角色扮演法在商务谈判课程教学中的重要性

（一）改变学生的地位

在角色扮演教学方法里，学生不再是被动地接受教育，而是以一种更加主动的姿态去参与教学活动。为了保证教学的质量和效果，学生往往要做好充分的准备工作，虽然耗费的时间很长，但这是值得的。因为一个良好的谈判结果，需要很长时间的准备，需要自己主动探索规律，需要很好的团队合作，将三者结合起来，才能有效地展现谈判的过程，这对强化其理解是很有帮助的。

（二）促使教师不断提高自身教学水平

在角色扮演的过程中，教师的身份是导演，这就极大地改变了传统教学模式中教师的地位。作为教学的推动者和领导者，教师需要具备扎实的理论基础和丰富的实践经验，并且不断强化自身的组织能力、应变能力和语言能力。

（三）有助于教材的改革与创新

要想提高学生的商务谈判能力，就有必要从根源上强调实践的重要性，在教学内容中增加一些谈判事例、教学录像以及实践指导的内容，这对提高教材的质量、促进教材的改革与创新来说是很有意义的。

三、角色扮演法在商务谈判课程教学中的应用

教师在商务谈判课程中应该建立起初步的谈判案例，随后在课程中将谈判的实时背景展示给学生。谈判案例是在商务谈判课程运用角色扮演法的基础，具有一定的导向作用，也是整个课程开展的基础。为此，教师应该合理选择商务谈判案例，同时保证案例的科学性和完善性。在一个优秀的案例中应该包含当事人的各种情况介绍，还有进行商务谈判的原因，这是进行谈判的基础内容以及谈判双方的背景立场。此外，还包括进行谈判的目的。

在选择好谈判案例之后，在教师的帮助下，学生可以自行分组，根据自

己的能力、喜好来分配角色。在此过程中，要保证小组中的每名成员都有扮演的角色。

在商务谈判前期，做好各种准备工作，教师的工作就是制定谈判规则和宣布谈判规则，并且负责评价工作，并设置合理的奖励机制。在谈判正式开始之后，教师需要引导学生遵守谈判规则并按照相应的谈判流程来进行，使谈判双方开始激烈的辩论与商讨，从而让双方的意见达成一致。

教师在总结评价的过程中，要以公正客观的态度，保证总结的公平合理性。在评价时主要采取三种形式，分别是教师点评、学生之间的相互点评和自我点评。这种回顾总结的方式能够让学生了解自己的不足之处，并及时进行改正，有助于学生提高自己的谈判水平。

四、角色扮演法在商务谈判课程中的实施条件

要想提高商务谈判课堂的教学效率，教师在商务谈判课程中需要注意以下几点问题。

首先，在课程设计过程中，教师要保证设计的科学性与合理性。也就是在谈判开始前，教师要设计好商务谈判案例，同时规划好课程时间，合理控制角色扮演时间。为了锻炼学生的应变能力，教师可以在谈判过程中实时调整案例背景。

其次，在选择案例时，教师应该坚持以下几点原则：所选案例的范围要广，包含各种所学的知识点；案例应该具有较强的专业性，同时能够起到一定的示范性作用；根据学生所学专业之间的差异，准备多种不同的案例；合理把握案例的设置难度，教师在选择完案例后，根据学生的能力基础对案例进行合理的改编或是调整。

再次，保持教学环境和商务谈判的高度一致性。同时，教师在学生进行模拟谈判的过程中要给学生提供有效的指导。教师主要在以下几点进行指导：一是在谈判正式开始之前，教师可以引导学生正确理解案例的含义；二是在谈判过程中，教师要有效避免尴尬的谈判局面，从而引导谈判顺利进行；三是在谈判结束后，教师可以针对学生提出的问题进行具体的指导。

最后，在模拟谈判结束后，教师可以对学生的谈判过程进行适当的点评和总结，帮助学生找出谈判中的各种错误行为和问题，从而提升学生的谈判技巧，同时教师也要适当地鼓励学生，让学生在商务谈判中保持一种自信的态度。

综上所述，角色扮演是一种新式的教学方法，具有较强的实践性和专业性，适用于商务谈判课程。实践证明，通过角色扮演法能有效提高学生的谈判能力，让学生感受到商务谈判的真实环境，从而更加了解团队精神的含义。使用角色扮演法对学生未来的职业导向也有一定的指导意义，但是还需要进行不断的完善，为此，我们要加强研究和探索。

第五节　案例教学法在人力资源管理课程教学改革中的应用

案例教学法是20世纪初由哈佛大学首创并进行推广的。20世纪80年代引入我国后，逐步得到了高等院校和培训机构的广泛重视。人力资源管理是一门实用性、实践性很强的学科，目前我国许多高校与经济管理相关的专业都开设了这门课程。基于这门课程的实用性特点，探讨案例教学法在人力资源管理教学中的应用具有很强的现实意义。

一、案例教学法的含义

国际知识案例问题专家唐纳德·舍恩（Donald Schoen）说："案例方法用的是关于特定企业情况的记录或描述材料而非课本；与传统的既定的讲授方式不同，案例方法下的教师引导学生对上述企业情况进行讨论。"在哈佛商学院有关文章中，案例方法是这样定义的：它是一种教学方法，在这种教学方法中，学生和教师一起参与对企业案例或问题的直接讨论。① 这些观点来自企业经理人员实际经历，并通常以书画形式准备的案例在学生中间被阅读、研究和讨论，它们在教师的指导下构成课堂讨论的基础。因此，案例教学法包括一个特定形式的教学材料（案例）和在教学过程中使用该材料（案例）的特殊技巧。

实际上，在案例教学法中有两个重要的责任中心。其一，教师有责任选择教学所需要的材料，可以从已有的许多材料中选择或组织案例，也可以在

① Leenders M. R. and Erskine J A.,Cash research the writing process 1978.

材料选择工作完成后，按自己的意愿对它们进行排序。其二，学生也有责任，就是“给他们特定的事实、原始材料（在现实生活中，必须从这些资料或信息中作出决策），要求他们想象性地站在现实决策人的角度或位置，从这些资料或信息中逼真地和有益地作出结论”。这就意味着学生必须为上课做充分准备，学生在教师的指导下互相学习。通过采用案例教学法，为锻炼和培养学生面对实际情况的临场决策能力及综合素质提供了一个训练场所。

根据教育界对案例教学法含义的共识，结合人力资源管理课程的特点，将人力资源管理课程中运用的案例教学法的含义界定为“一种以一些典型企业人力资源管理现象为中介，通过体验再现的、真实的企业人力资源管理情境，将‘教’与‘学’有机结合，引导学生进行讨论，从而提高学生分析问题、解决问题的实际能力的教学方法”，即一种以学生为主体展开的自主学习、合作学习、研究学习的开放式教学方法。

二、应用案例教学法的必要性

采用案例教学法进行教学，能加深学生对人力资源管理理论的理解，有效提高学生的实际操作能力。传统教学方法往往只注重理论知识的讲授，学生为了应付考试，对理论知识的掌握往往是死记硬背。案例教学法是针对性地运用理论知识去分析、解决实际问题，它不仅要求学生知其然，还要知其所以然，从而既可以加深对教学内容的理解，又可以提高实际操作的能力。可以说，案例教学是最节约时间、成本最低的社会实践。

第一，采用案例教学法进行教学有助于培养学生独立思考和解决问题的能力。由于案例教学的特殊性，它要求学生学会分析案例，从中发现问题并拟订方案，然后参与课堂讨论，交换意见，形成有创意的方案，这样有利于培养学生独立思考的能力。由于案例教学法非常重视其结论的思考过程及解决问题的方法，因此，其可以不断培养、提高学生分析问题和解决问题的能力。

第二，采用案例教学法进行教学能充分调动学生的积极性、主动性和创造性。传统的教学方法以“灌输式”为主的讲授很难激发学生的学习兴趣，而案例教学法大多采用与实际生活紧密相连的事例，要求学生以当事人的身份身临其境地解决问题，从而促进学生积极思考，主动探索，认真参与案例讨论，大胆发表自己的观点，这样能充分调动学生的积极性、主动性和创造性，达到良好的教学效果。

三、案例教学法在人力资源管理课程中的研究综述

目前，国内关于案例教学法在人力资源管理中应用的相关研究还处于初级阶段，从现有的文献来分析，对于该主题的研究，主要有两大类。

一类是对案例教学法实施过程内容的介绍。比较有代表性的是杨海光在《商场现代化》发表的《案例教学法在人力资源管理教学中的实施过程》一文，他在介绍和分析人力资源管理课程的性质和特点后，以一个具体的案例为例，对人力资源管理案例教学的实施过程进行了深入的探讨。刘瑞的《浅析案例教学在人力资源管理课程中的运用》一文主要阐述了在人力资源管理课程中案例教学的作用、方法和组织过程。

另一类是对案例教学过程中存在问题的分析。比较有代表性的是曾晓勇、杨祥芳的《高校人力资源管理案例教学存在的问题及对策》，文中通过分析高校人力资源管理案例教学的特点，得出高校人力资源管理案例教学存在本土化案例缺乏、课堂案例盲目堆积、学生参与积极性不高、师资力量不足、案例教学条件落后等问题，进而针对这些问题给出了解决方法。罗珊的《人力资源管理课程案例教学的困境与突破》阐述了人力资源管理课程开展案例教学的必要性和可能性，对案例的选择、课时的安排、教材的运用、教学效率的提高等方面存在的问题进行了分析，并提出了相应的建议和对策。

这些研究大多围绕人力资源管理课程教学中的实施过程展开分析，从实践中提出在人力资源管理课堂中存在的问题与困境，进而提出解决对策。

四、案例教学法在人力资源管理课程中应用的优点

人力资源管理理论来源于管理实践，但一经形成由概念、原理、原则、方法构成的理论体系，就有了高度概括性、抽象化的特点。而管理者所面临的日常管理活动却永远是丰富多彩、变化不息的。这就为教学过程带来一个难题：由概念到原理的照本宣科，不但枯燥乏味，而且无助于学生面对日益复杂多变的管理活动，提高管理水平。但我们又不可能提供充分的条件，让学生到各种类型的组织中学习处理人力资源管理中的各种问题，即使有实习经历，也非常短暂和有限。因此，在人力资源管理的教学与研究中，提供一种与理工科学生常用的实验室相当的手段，模拟管理活动，使学生能够身临其境，就显得至关重要。而案例是管理工作的仿真和缩影，因此案例教学法

在人力资源管理课程中的应用既丰富了教学活动内容，又锻炼和提高了学生的管理能力，成为培育具有创新精神和实践能力的管理人才的重要手段。

案例教学法起源于美国哈佛商学院，它是一种启发式、讨论式、互动式的教学形式。其主要特点是把现实问题带入课堂，把教、学的双方带到矛盾的冲突之中，把枯燥的理论知识变成真正解决问题的公开讨论，把教师的单向教授变为师生间的教学相长，把个人的思路变为集体的智慧，把一个战略性的理论框架变为解决现实问题的可操作的实践图。归纳起来，它主要有三个优点。

（一）有利于提高学生解决问题的能力

从案例教学法的内容来看，人力资源管理案例所展示的是组织管理实践中与人力资源有关的现实背景和具体事例。在课堂教学的过程中运用案例，帮助学生从具体、生动的实际出发，从特殊个体中归纳分析出一般结论，这一学习过程比较符合学生的思维习惯，相比抽象的理论介绍，学生更容易接受这一方式。

在采用案例教学法进行教学的过程中，每一个学生首先遇到的问题是能否读懂案例，即能否真正把握事情的来龙去脉，真正了解问题的起因或可能产生的后果。其次，学生要具有一定的逻辑思维能力去分析特定的问题，找出问题的因果关系，寻找和发现解决问题的方法。再次，学生要运用所学的理论知识，分析自己能够做些什么和可能做出怎样的决策。最后，通过小组讨论或班级集体讨论，学生解决问题的能力得到激发，使学生清楚地认识到为什么对案例的分析会产生不同的结论，为什么会有这样或那样的解决方案，应该如何正确地选择决策标准，应该如何选择最佳方案以及如何制订行动计划。通过这样几个环节，可以培养学生分析问题和解决问题的能力，有利于学生对理论知识的理解、掌握和实际运用 。

（二）有助于学生积累实践经验

在教学过程中，我们常常遇到的最为棘手的问题就是如何将理论知识学习与社会实践相结合。一方面，学生在中学阶段实践能力的严重缺失，致使有些学生在大学阶段的理论和实践严重脱节；另一方面，教师的素质和实践能力的欠缺，使部分教师苦于枯燥理论的讲解却调动不起学生的任何学习兴趣，这种现象的存在，使学生在学习时一直处于被动位置。

案例教学过程中所采用的众多案例，都来源于复杂的管理实践，课堂上的讨论和分析，可以帮助学生在有限的时间内接触到大量的实际问题，并且通过学习别人的经验而获益。因为不同的人力资源管理案例尽管在具体情境和主要问题等方面有很大不同，但针对每个案例分析问题、解决问题的思路是有规律可循的。

所以，通过案例分析，可以培养学生"触类旁通"的应变能力，并通过"举一反三"的模拟训练，有效地弥补理论教学脱离实践的不足，培养学生解决实际人力资源管理问题的能力，增强其对未来管理工作岗位的适应性，缩短教学情境与实际生活情境的差距，使学生在未来走上工作岗位时，快速适应陌生的工作环境。在工作中遇到问题时，学生能够把在学校掌握的知识和能力运用于解决实际问题之中。

（三）有利于提高学生的人际交往能力

从案例教学的方式来看，与传统的教学方法相比，案例教学是一种启发式的教学，能充分发挥学生在学习过程中的主观能动性。它改变了传统教学过程中单独由教师当主角，讲授知识，而学生只能当观众，被动接受知识的状况，把知识的讲授和能力的培养训练有机地结合起来。同时，案例教学法通过观察、思考、分析、整理、加工、演算、假设、推理、判断、比较、决策、得出结论、撰写报告等环节，让学生在课堂上全方位地获得人力资源管理知识，积累管理经验，培养管理能力，尝试从人力资源管理专职人员的角度去分析和处理人力资源管理实务，这有助于拓宽学生视野，激发学生丰富的想象力和创造力，从而调动学生联系理论知识解决实际问题的主动性和积极性，从中学习人力资源管理知识和技能，最终使学生个性得以体现、能力得到提高。

近几年的教学实践活动也表明，学生对使用案例教学法反应热烈，并且表现出极大的学习兴趣。他们认真地投入案例分析过程中，在课堂讨论时，发言踊跃，学生相互争论的场面时有出现，课堂气氛非常活跃。另外，案例教学活动常常以小组讨论的形式进行，这种方式可以促使学生学会如何认识自己在小组中的位置，如何处理与同伴的关系。当小组成员意见不一致时，如何进行有效的沟通与交流；当成员之间发生冲突时，如何解决冲突，如何达成相互之间的理解和妥协等。在解决问题的过程中，不知不觉地提高了学生的人际交往和沟通能力。

五、案例教学法在人力资源管理课程中存在的问题

案例教学法能够通过情境模拟使学生获得更加直接、具体、形象的感受，从而加强其对理论知识的理解和消化，因此，案例教学法自从被引入课堂以来，就迅速得到了普及，但在实际教学中，还存在一些亟待解决的问题。

（一）如何建好人力资源管理案例库

案例教学法能否取得预期成效，很大程度上取决于教师能否针对教学内容收集到相关的具有代表性的典型案例。虽然国内关于人力资源管理案例的书籍不少，但真正以国内企业为研究对象的较少，大多引用国外案例。国外典型案例虽较多，对提高相关技能有一定帮助，但不同的国家文化存在较大差异，而管理过程中，文化又起着关键作用，因此，构建具有本土文化特色的案例库就成为当前教师需要做的一件紧迫的事情。①

就现有的案例而言，案例内容在针对性、层次性方面还有所欠缺。例如，案例的编写未考虑到实际可操作性，对于较复杂的案例，在编写过程中也鲜见在案例后给予适当提示，如设立启发性的思考题或给出一定的分析、提示等，这也在一定程度上影响了学生解决实际问题的能力。又如，案例开发速度缓慢，一方面是由于经费投入不足，另一方面是由于案例开发不算科研成果，教师没有开发案例的积极性，以至于出现有些收师编写的案例东拼西凑，没有深入调研的情况。不少案例往往只由教师个人收集，只能自己使用，无法共享。

（二）案例使用中缺乏实践

近年来，我国高校的人力资源管理专业发展得非常快，对人力资源管理专业教师的需求量也是巨大的，但很多人力资源管理教师甚至MBA教师自己从来没有在企业从事过管理工作，对案例中涉及的情境、环节和条件把握不足，因而在引导学生进行案例学习过程中，难以提出有建设性和可操作性的指导意见，导致案例教学变成了套用教科书的“验证”式教学方式，偏离了案例教学的真正用意。另外，由于教育体制的限制，我国管理类本科学生大多是高中毕业直接进入大学学习的，对企业没有感性认识，因而在进行案例学习的时候，完全是纸上谈兵，不能从企业运营的客观实际出发来考虑问题。

① 史宝玉．人力资源管理课程案例教学模式研究[J]．齐齐哈尔大学学报（哲学社会科学版），2007（3）：67-69.

这种状况导致案例分析止于对概念、原理等概括性知识的阐释和套用，难以形成很好的讨论氛围，难以激发思维火花，对学生发现问题、解决问题及进行创新思考等能力的培养很不利。

（三）案例讲授的教学效果一般

有了案例并不代表就能取得良好的教学效果。根据吴建华的一项调查，在没有以学生为主体、采用填鸭式教学方法的教学中，即使采用了案例教学，结果也会导致84%的学生不满意，他们认为自己无法掌握课堂教学内容。同一调查还表明，虽然不同学校、不同学生针对不同的教师有不同的要求，但在课堂教学上对教师的要求基本包括：授课语言要生动、幽默并营造良好的课堂气氛；多讲人力资源管理经典案例，介绍人力资源管理的最新前沿理论；要了解学生差异并因材施教，帮助优等生提高学习水平，对后进生进行辅导；举例结合企业实际，激发学生兴趣，活跃学生思维；重点、难点突出，紧扣学习内容主题；理论与实际相结合，给学生实际操作的机会。

当然，案例教学中以学生为主体并不意味着教师就处于被动地位，教师在课前准备、课中组织和课后总结中起着很重要的作用。比如，在课堂中必须密切关注案例讨论的进展状况，如果发现有偏题现象就应及时地将话题拉回。另外，在案例教学中，CAJ、电影、电视、录像、录音、幻灯、模型等现代教学手段的采用也能起到良好的辅助作用。[①]

六、提升案例教学法效果的措施

案例教学法作为一种有别于传统课程讲授的教学方法，虽然其在具体应用中还存在有待改进的地方，但是在强化知识应用、注重能力培养方面确实起到了积极作用。在人力资源管理专业课程建设中，以下措施可进一步提升其教学效果。

（一）建设人力资源管理案例库

鉴于目前管理类案例库中人力资源管理案例数量不足、真实反映企业实际的案例缺乏等情况，开设人力资源管理专业的高校应考虑通过拓展途径来解决这一问题。通过企业实践来编写和完善案例是解决这一问题的有效途径之一，高校应该积极主动地与企业建立联系，通过师生的企业实践活动来完

① 吴建华．对改进人力资源管理教学方法的思考[J]．现代企业教育，2006(10)：28-30.

成这一工作，力争达到进行一个企业实践、完成一个案例编写、解决一个企业问题。[①]

高校人力资源管理专业大部分有实习环节，但基本上流于形式，根本没有达到实习的真实效果。究其原因，一个是受学校现实情况限制，如学校无法为学生提供足够的实习单位，学生找不到实习单位，但为了完成任务，只好弄虚作假；另一个是制度设计也在客观上助长了学生的这种行为的发生。

为了改变这种现状，笔者认为，可以通过编写案例的方式来解决这个问题：学生实习的主要任务就是通过观察实际情况编写人力资源管理案例（可以是好的经验，也可以是失败的教训），之后由几名指导教师组成一个小组，就其案例中的内容向其发问，如果是其抄袭的或者胡编乱造的，在一问一答中肯定能发现。这既可以丰富案例的资源库，减少弄虚作假现象，又可以吸引企业参与到案例库建设的过程中，分享经验、共同进步。同时，也能真正提高学生运用知识的能力。

（二）提升教师的实践水平

虽然人力资源管理专业开设的时间并不是很长，但其发展的速度却非常快，导致学校对该专业教师的需求量非常大。本来该专业最理想的教师是既具备一定的理论实力，也具备丰富的社会实践，至少要在企业做过类似的工作，但实际情况是大部分教师是从高校到高校，根本没参加过人力资源管理的社会实践，如果这种状况长期存在，其培养的学生的专业素养可想而知。为了改变这一现状，学校除了加大投入，为该专业教师提供更多的企业挂职锻炼机会，还应把企业中具备此类丰富实践经验的相关人员请进学校，以开讲座或做报告的形式现身说法，这样会给学生更真实的感觉，而不是以前只停留在书本上的纸上谈兵。

（三）提高学生的参与度

教师应该避免采用灌输理论知识的方式，而是循序渐进地诱导、启发、鼓励学生对问题和现象进行思考、讨论，并且引导学生进行双向交流。在参与形式上，可以采取小组讨论、专题汇报、小组辩论、情境模拟等方式，使学生变被动听课为主动学习。比如，讲完招聘的两个前提工作——工作分析

---

① 赵文芳.案例教学法在人力资源管理专业教学中的应用研究[J].云南财经大学学报(社会科学版)，2006(5)：129-130.

与人力资源规划条件后，安排各小组模拟一个企业的招聘团队，通过企业、书籍等渠道了解、认识岗位，选择其中一个岗位编制工作说明书并制作相应的招聘计划书；当讲完招聘信息的发布后，可让学生选择合适的媒体并设计招聘广告；当讲完各种测评方法后，尤其是面试以后，可安排学生设计各种面试表格，包括结构化面试表、面试评价表、面试成绩汇总表等；当学生做好前期的各项准备工作以后，为学生留出两节课的时间，让学生自行组织招聘，通过在自己小组充当招聘人员、到其他小组充当应聘者的经历，学生可以体会到不同的感受。后期的工作也是一样，根据教学进度安排一次次模拟，加深学生对课本知识的理解，做到活学活用；也可以穿插一些小实验，如组织学生小组讨论、使用人才测评软件等，提高课堂教学效果。这既有利于提高学生学习的积极性、主动性，也有利于学生分析问题、解决问题能力的培养和表达能力、团队合作能力的提高。

参考文献

[1] 王关义，刘益，刘彤，等 . 现代企业管理 [M] . 北京：清华大学出版社，2019.

[2] 陈畴镛 . 现代经济管理基础 [M] . 北京：科学出版社，2019.

[3] 韦克俭 . 经济管理专业本科教育教学改革与创新——以广西外国语学院为视角 [M]. 北京：人民日报出版社，2019.

[4] 张永良 . 经济学基础（第二版）[M] . 北京：北京理工大学出版社，2018.

[5] 尹子民 . 企业管理理论与实践 [M] . 沈阳：东北大学出版社，2017.

[6] 董波 . 高校体育管理研究 [M]. 西安：西安交通大学出版社，2017.

[7] 冯晖 . 边疆少数民族地区高校教师社会资本与教学绩效关系研究 [M]. 北京：知识产权出版社，2017.

[8] 邵积荣 . 高校经济活动内部控制研究 [M]. 广州：羊城晚报出版社，2017.

[9] 蔡世刚 . 企业管理 [M] . 西安：西安交通大学出版社，2016.

[10] 史万兵 . 教育经济与管理研究 [M]. 沈阳：东北大学出版社，2016.

[11] 兵工高校教材工作研究会 . 高校教学管理与研究 [M]. 北京：兵器工业出版社，2004.

[12] 胡志钢 . 企业财务分析存在的问题及对策研究 [J] . 财会研究，2021（28）：63–65.

[13] 杨力 . 企业财务分析存在的问题及对策思考 [J] . 财会研究，2021（30）：66.

[14] 徐婷 . 企业财务管理中存在的问题与对策研究 [J] . 中国市场，2020（5）：150–151.

[15] 李玉霞 . 基于应用型人才培养模式的《投资学》课程教学改革探讨 [J] . 产业与科技论坛，2020（23）：116.

[16] 周慧增 . 企业人力资源管理存在的问题与结构配置优化 [J] . 商展经济，2020（12）：90–92.

[17] 郭宝丹 . 电子商务环境下网络营销模式创新探讨 [J]. 营销策略，2019（12）：37–38.

[18] 刘平宇 . 高校经济管理类专业实验教学改革研究 [J] . 教育现代化，2019（31）：87–89.

[19] 张战友，徐颖，王小方 . 翻转课堂在高校财务管理专业课程中的应用 [J] . 湖北开放职业学院学报，2019（7）：136–137.

[20] 卢欢 . 翻转课堂在财务管理课程教学中的应用 [J] . 广西教育（教育新技术），2018（3）：93.

[21] 雷新，侯枞 . 生产管理在企业管理中的重要作用 [J] . 企业科技与发展，2018（2）：300.

[22] 翟亚锋，宁星华，翟人哲 . 企业投资管理的问题与对策 [J] . 湖北师范大学学报（哲学社会科学版），2018（1）：57–59.

[23] 黄萍 . 柔性管理法则在民办高校教师管理的应用探究 [J] . 广西教育，2017（6）：129–130.

[24] 赖明发 . 应用型本科《投资学》课程的教学改革探讨 [J] . 湖北经济学院学报（人文社会科学版），2017（2）：152.

[25] 张耀一 . 转型发展背景下地方普通本科高校《计量经济学》课堂教学模式改革研究 [J]. 南阳师范学院学报，2017，16（4）：69–72.

[26] 徐莹 . 企业筹资管理相关问题的思考 [J] . 资本运营，2016（23）：242–243.

[27] 苗雨君，王杰 . 企业战略实施与控制问题研究 [J] . 科技广场，2016（6）：112–115.

[28] 关秀献 . 后现代教育观视域下的高校思想政治理论课实践教学探讨 [J]. 广西经济管理干部学院学报，2015，27（3）：104–108.

[29] 檀辉霞 . 浅析市场营销观念的演变和发展新趋势 [J] . 经济师，2011（4）：272–273.

[30] 郑卫政 . 建设高水平教学团队的组织策略 [J] . 宜春学院学报，2009（1）：34.

[31] 匡玉梅 . 论高绩效教学团队的建构 [J] . 当代教育论坛，2009（5）：79.

[32] 都光珍 . 加强教学团队建设的思考 [J] . 国家教育行政学院学报，2009（1）：29.

[33] 刘玉 . 案例教学法在人力资源管理专业课程教学中的应用 [J] . 产业与科技论坛，2008（4）：204.

[34] 阿・巴雅尔 . 消费者市场购买行为分析 [J] . 内蒙古科技与经济，2007（5）：

19–20.
[35] 董本云，李海峰 . 浅析技术创新与制度创新 [J] . 工业技术经济，2004（1）：37.
[36] 张进，原梅生 . 优化结构：经济管理类专业师资队伍建设的现实选择 [J] . 山西财经大学学报（高等教育版），2002（2）：64.
[37] 李祖超，陈学敏 . 高校教师资源的优化配置 [J] . 现代教育科学，2000（2）：52–54.
[38] 苏焕 . A 企业基于战略的组织结构选择与评价研究 [D] . 大连：大连海事大学，2019.
[39] 白玲 . 实践能力培养为核心的民族高校工科专业实践教学体系建构研究——以西北民族大学高分子材料与工程专业为例 [D]. 兰州：西北民族大学，2018.
[40] 方芳 . 二批本科院校创业教育师资队伍建设研究 [D] . 西安：西安工业大学，2011.
[41] 张培 . 地方本科院校教学团队建设对策研究——以山东省高校为例 [D] . 烟台：鲁东大学，2011.
[42] 齐文勃 . 我国高校创业教育现状分析及对策研究 [D] . 辽宁：大连理工大学，2008.

后　记

随着经济社会的不断发展，经济管理型人才正在不断涌现，高等院校对经济管理方向的理论知识教学及实践应用越来越重视。本书对高校经济管理教学的研究不断深入，首先，介绍了经济学相关概念及知识，从而加深人们对经济管理的本质及规律的认识与理解；其次，通过科学的手段对所需数据进行收集与整理，确定好研究的主要方向和写作脉络；最后，通过具体的案例分析，分别从企业战略管理、市场营销管理、人力资源管理、生产管理及财务管理等五个重点方向对高校经济管理进行系统性分析阐述。

希望本书能够为高校经济管理教学发展贡献绵薄之力，期待社会各界人士共同探索高校经济管理实践教学的新方向。同时，笔者对在本书创作过程中受到的关注与支持表示深深的感谢。

纵使本书耗费大量心血著成，也会存在不足之处，希望得到相关领域的同行与专家的批评指正，笔者定会虚心接受并且积极改正。